幸せな結婚をするために大切なこと

Important things in order to achieve
A Happy Marriage

Kagawa Hiroki
香川浩樹

PHP

プロローグ

「奈々子って、モテそうなのにね」

最近、結婚が決まった友達によく言われるセリフ。

「いつも笑顔だし、性格も明るいし、私なんかよりスタイルいいし。奈々子だったら、焦《あせ》らなくても、そのうち結婚相手だって見つかるわよ」

気を遣って言ってくれているのはわかるけれど、正直カチンとくる。

まわりは結婚ラッシュ。高齢出産ラインまであと一歩の三十四歳という年齢を思えば、それも当然のことかもしれない。

久しぶりの友達からの電話は、決まって結婚報告。「おめでとう!」と返しつつも、内心は焦りまくり。電話を切った後、言いようのない寂しさに襲われる。

これまで人並みには恋愛をしてきたし、モテないほうではないと思う。ただ、なかなか素《す》の自分をさらけ出せない。恋愛が長続きしないのも、結婚できないのもそのせいなのかと、少しコンプレックスでもある。

今のうちに動いておかないと、このまま一生が終わってしまうかも知れない。そんな不安にかられて、結婚相談所という場所に初めて飛び込んでみた。

入会して、お見合いするが、いつも無難に「いい子」を演じてしまい、言いたいことも言えずにフラストレーション。試しに付き合ってみるものの、結局、疲れて私のほうから交際終了、ということの繰り返し。

「本当の自分を出したら、きっと嫌われる」。それが怖かった。

そんな私の目を覚ましてくれたのは、カウンセラーの佐竹さんの一喝。

「どうしてブリっ子を演じて好かれようとしてんの?そんなのおかしい!結婚してうまく

いく相手は、『一緒にいて楽《らく》な人』って、話したでしょ。偽りで付き合って疲れるのは当たり前。素の自分をさらけ出せる相手が必ずいるから。諦《あきら》めちゃダメよ」

ズバリ痛いところを突かれ、悔しくて涙が出そうになった。

「そんなこと、言われなくてもわかっている。私だって必死で婚活してきた」

その一方で、自分を甘やかしてきたことを、見透かされていた。それが悔しい。

でも、そのときに何かが吹っ切れた。傷つきたくなくて触れないようにしてきた、私の中のコンプレックスが砕けた瞬間だった。

その数日後、友人に誘われた飲み会で、以前に少し面識のあった男性、学さんと再会した。初対面ではないのもあって、すぐに打ち解け、やがてデートするようになって、自然な流れで付き合うことになった。

これも、佐竹さんの言葉で、コンプレックスの殻を打ち破れたからかも知れない。

そして、一カ月後。

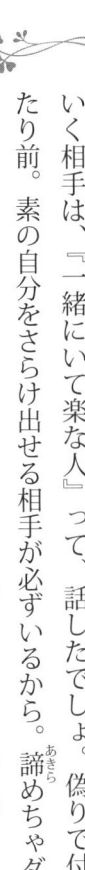

「今までお世話になりました。彼と結婚できるようにがんばります！」

そう報告して、結婚相談所を退会する旨を告げた。佐竹さんとも、これでお別れのはずだったが、意外な言葉が返ってきた。

「私たちにとって、奈々子さんは家族同然。奈々子さんが本当に幸せになれると確信できるまで、最後まで見守ります。まだ終わってないですよ」

交際が始まって、佐竹さんは嬉しい半面、心配でもあったらしい。というのも、婚活を始めてからは、交際が半年以上続いたことはなかった。更に、付き合い始めに浮足立つということも、これまでの婚活を通じてよくわかってくれていた。

「三カ月マメに会うこと。ただの彼氏ではなく結婚相手候補だと思って、冷静に見極めること。〝結婚〟という言葉が彼の口から出ればひと安心。でも、出なければ〝長い春〟になることを覚悟して、このまま待ち続けるのか、そこで別れるのか、自分の結婚観に照らし合わせて判断すること」

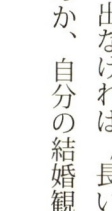

佐竹さんは、学さんとの交際を結婚につなげるために色々なアドバイスをくれた。私は彼との関係を見定めた。

二カ月後、結論が出た。好きではあるが、学さんは私が求める結婚相手ではない。

学さんに別れを告げ、再び婚活をスタート。でも、以前のような自分ではない。苦い別れが、さまざまな気づきをもたらしてくれた。

「素の自分を出す」ことが、どういうことなのか、やっとわかった。

そして、運命の人との出会いが訪れた。

彼の名は真一さん。仕事は、子どもの頃からの夢だったというエンジニア。誠実で優しいが、職業柄なのか、無口で口下手《くちべた》なところが父とダブって見えた。そのせいか初対面の印象は、正直あまりいいものではなかった。

お見合いのあと、また会おうかどうか迷っていた。

「生理的に嫌じゃなかったら、もう一回会っておきましょう。悪い人じゃないし」

佐竹さんからの、アドバイスに、素直にしたがってみた。

真一さんと会っていくうちに、心地よい穏やかさの中にいる、自然体の自分を感じるようになった。


「一緒にいて楽な人」って、こういう人なんだ。


交際が三カ月過ぎた頃。真一さんとの状況を尋ねてきた佐竹さんに思わず、

「真一さんと結婚したいです！　でも、彼にその気がなかったら……」

一方、私の気持ちを知った真一さんの反応は、

「奈々子さんを失いたくない。今すぐプロポーズに行きます！」

というもの。実は、真一さんは、今まで相手から前向きなアピールを受けても、結婚す

るとは言わなかったらしい。その彼から、そんな言葉が飛び出して、佐竹さんもかなり驚いたようだった。

今にも駆け出しそうな勢いだったのに、

「あっ、でも指輪も用意してないし、どうしよう……」

と、オロオロする真一さん。その様子を見て、佐竹さんも嬉しさがこみあげてきたと、後々、話してくれた。

ちょっと遠回りをしたけれど、本当に求めていた理想の結婚相手、本当の幸せをやっと探し当てることができた。

こんなドラマの数々が、本気の結婚相談所ヴィーノで起きています。

はじめまして、株式会社ヴィーノ代表の香川浩樹です。

一般的に結婚相談所は、「出会いから結婚まで」をお世話する場所ですが、私たちは、「出会いから結婚生活まで」を考え、家族のように婚活のお手伝いをしています。

ヴィーノでは、年間百組以上のカップルが誕生していますが、その七〇％以上が入会後一年以内に結婚されていて、成婚率も全国トップクラスの五〇％以上。

「本気で婚活すれば結果が出る」。この確かなノウハウを、少しでも多くの人に知ってもらって、幸せな結婚をするためのキッカケをつかんでくれたら、これほど嬉しいことはありません。

この本は「見栄《みば》えのいい条件を備えた人と結婚するための本」ではありません。

「幸せな結婚をするための本」です。

幸せになる覚悟を持って、今日から一歩踏み出してみませんか？

次はこの本を手にしているあなたが幸せになる番です。

「幸せになる覚悟」できていますか？

幸せな結婚をするために大切なこと　目次

第1章　結婚できる人になるために必要なこと

第2章　あなたの「理想の人」を決める

第3章 幸せになるための心得

第4章　理想の彼との距離を縮めるために

第5章 「一生幸せな結婚」をするための相手の見極め方

第1章

結婚できる人になるために必要なこと

理想の男性に口説かれる自信、ありますか？

「一流企業勤務で、年収は最低一千万円以上、身長は百八十センチ以上で、できれば次男で、アウトドア好きで、英語が多少話せて……」

「せっかく結婚相談所に入るんだったら、そんな人を見つけたいわ」。よくこんな答えが返ってきます。そんなとき、私はこう尋ねます。

「じゃあ、もしも今、あなた一人でバーに座っていたとしますよね。**そんな条件の男性があなたのすぐ隣に座ったとして、彼はあなたを口説きますか？**」

すると、たいていの女性は「エッ」と、固まります。

恋愛も結婚も相手あってのもの。自分が相手を選ぶと同時に、相手からも選ばれる必要があります。その相手に見合うだけの女性でなければ、相手から選ばれることは難しいですよね。こんなことは当たり前。

結婚相談所に入れば、好条件の相手も選び放題だと考えている人もいます。そんな人にこうお伝えしています。

「私たちは、夢は売っていません。現実の幸せを売っているんです。あなたが探したいのは、好条件を備えたブランドもののような人ですか？それとも、**あなたを幸せにしてくれる人**ですか？　そこをはっきりさせないと、**永遠に来ない、好条件過ぎる白馬の王子様を**待ち続けることになってしまいます」

好条件の相手を望んではダメということではありません。そういった人を振り向かせるだけの自分にならなければ、いくら出会ったとしても、その先はありません。

結婚活動（＝婚活）では、相手探しと共に、相手に愛されるような魅力アップをするからこそ、相手にふさわしい女性になっていきます。

婚活を結婚へと結びつけるための努力を、あらためて意識してください。「自分」と「未来」は、あなた自身の意志で自由に変えられます。理想の結婚をしたいのなら、自分から変わる勇気を持ってください。理想の夢は確実に現実へと近づきます。

適齢期が過ぎ去る前に結婚するための大切な3つ

結婚に必要なプロセスは、いたってシンプル。自分を知って、理想の相手像を知って、その二つのご縁を結ぶ。それを「自分軸」「相手軸」「ご縁軸」と表現しています。

この3つの軸を明確にすることが、結婚するために必要なプロセスとなります。

まず必要なのは、**自分の結婚観を知ること**です。これが**「自分軸」**。

長所や短所を含めた自分の個性、育ってきた家族、これまでの恋愛経験などを見直し集約して、自分はどんな人間でどんな魅力を持っているのか、自分が求める結婚像はどういうものかを明確にしていきます。

次に、**どんな相手が自分にふさわしいのかを明確**にします。これが**「相手軸」**。

ここで注意してほしいのが、「相手軸」とは、自分にとっての「真の理想の相手」を明確にすることで、ただ漠然と思い描く理想と、真の理想は異なります。

ただの理想なら、たとえば相手の年収は「多ければ多いほどいい」と思うものですよね。でも、仮に年収三千万円の男性と結婚しても、あなたが幸せになれるかというと、必ずしもそうとは言えません。自分の育ってきた家庭環境や経済レベルとあまりにかけ離れた相手と結婚しても、価値観が違い過ぎてうまくいかないということがあります。

そこで、「自分軸」で明確にした結婚観をもとに、「真の理想」を考えてみます。そのうえで、自分が幸せだと思う結婚生活を具体的にイメージしていくと、案外、今の自分の年収よりも、プラス百万〜二百万円でも大丈夫だと、相手に求める理想年収の基準に気づくかも知れません。

「自分軸」と「相手軸」を明確にすることで、今の自分の位置、そして理想の相手の位置がわかれば、その差（＝距離）がつかめます。自分よりも相手が上にいると感じれば、自分の魅力を上げていけばいいわけです。今から婚活するうえで、何が必要で何が足りないのか、少しずつ見えてきます。

その**二つを結ぶものが「ご縁軸」**。「ご縁軸」に必要なことを明確にすることで、何のために、魅力をアップさせたり、相手との距離を縮められるコミュニケーションなど学ぶのかがわかります。そうすることで、ご縁軸を短くしていくということです。

ただのモテるためのノウハウなら、とにかくいい男性がいたらアプローチすることが最優先で、こうした「軸」を考える必要はないでしょう。でも、今だけじゃない、何十年も続く結婚をするためには、まず「自分軸」と「相手軸」をはっきりさせることが重要。

この3つを明確にせずに婚活をするということは、見えない相手を闇雲に探すことと同じ。いつまでたってもたどり着けません。婚活で、たくさんの相手と出会ってもなかなか決められない。そんな優柔不断に陥ってしまう原因は、たいてい「軸がはっきりしていないから」。自分の魅力もわからず、求める相手も不明確ならば、優柔不断になって当然。「自分軸」「相手軸」「ご縁軸」、この3つを明確にすることが婚活のスタートです。

誕生日なんて忘れてしまいたい

「私、もうこんな年だし……」「もう若くないから……」と、口癖のように言う女性。でも、ちょっと考えてみてください。

「オレ、もうこんな年だし」「自分なんかもうオジサンだし」と言っている男性に、あなたは魅力を感じますか？

「もう若くない」という言葉を口にした時点で、男性は引きます。「もう若くないから結婚したいんです」と言って、「もう若くない」と、いきなり自分を否定して、**わざわざ自分の価値を下げて相手に提示してしまったら、魅力的に映るはずがありません。**

女性は、どうしても年齢にとらわれてしまいがちです。毎年、迫り来る誕生日に恐怖を感じている人も多いのではないでしょうか。節目の年を目前にした二十九歳や三十九歳では、とくにその恐怖が大きくなるようです。

「私、もうじき三十歳なんです……はぁ……」

そんなふうにタメ息とともに誕生日を迎えようとしている人には、こう伝えています。

「大丈夫ですよ。**これからの人生の中で、今が一番若いんですから、今の自分に自信を持ってください。**今の年齢に自信を持てなかったら、一生持てませんよ！」

結婚できる女性、モテる女性は「自分に自信がある」「自分が好き」な女性です。

容姿端麗ではなくても「私って結構かわいい」と、やや自信過剰な女性。そういう人は年齢を気にしません。「おいくつですか？」と聞かれれば「三十九歳です。来月には四十歳」と、あっけらかんと答えます。その年齢なりの、自分に自信を持っていて、「今の私を見て！」というぐらいの意識でいます。

「もう若くない」と言ったらおしまいと思って、今日からこの言葉は禁句です。

70％のワガママは大丈夫

「こんな人と結婚したい」「こんな結婚生活がしたい」「こんな夢を叶《かな》えたい」など、あなたが望むもの、全て残らず絞り出してください。

「こんなことを望むのは贅沢かな……」と、躊躇《ちゅうちょ》する必要はありません。自分自身では贅沢に思える希望でも、他の人からすると、ごく普通のことということもあります。希望する相手の性格、癖、年収、身長、何でもＯＫ。とにかく、何の遠慮もなしに、まず心の中にあるもの全て出し切ること。

思い浮かばない場合は、理想の相手をイメージする方法として、有名人でいうならどんなタイプだろうというところから考え始めると、イメージが浮かびやすいと思います。まずは何でもいいので、出し切ることが大切です。

そして、今度は「その彼と結婚したらどんな生活がしたい？」と考えていきます。どんな家に住んで、休日はどんなふうに過ごす？掃除やゴミ出しなど家事の分担は？子どもは何人？育て方は？マンションか一戸建て？実家の近く？

都心で働くOLなら「どんな家に住みたいか？」という問いに対して「都心のマンションがいい」という答えがパッと浮かぶかも知れません。でも、それは今のライフスタイルが基準。結婚して、子どもが生まれたことを想定したらどうでしょうか？「のびのび子育てしたいので、郊外で庭のある一戸建てがいい」や「働き続けたいので、託児所や保育所が近くにあるマンション」という答えに変わるかも知れません。

結婚生活のイメージがピンとこない場合は、「自分が知っている幸せな夫婦を思い浮かべてみる」という方法もあります。身近な夫婦でもいいし、芸能人夫婦でもいい。その夫婦の「こんなところがいいな」と感じるところはどこでしょう？

白馬に乗った王子様のような人を探すよりも、自分の理想の7掛けというと、意外に肩の力を抜いて相手探しできると思いませんか？

全てを満たす人と結婚しても、最初からマックスだと、後々続く結婚生活が心配。**理想の7割を満たす相手を見つけて、残りの3割は、結婚してから二人で埋めていく。**理想の70％を満たした白馬に乗った王子様を見つけましょう。

求められるのは「美しさ」より「安らぎ」

ある女性誌の調査によると、「女性が思う、男性が結婚に求めている条件」は、1位「料理ができる」、2位「家事ができる」、3位「容姿がキレイ」。ところが、「男性が、結婚相手に求める譲れない条件」の上位は、女性の上位と全く違っていました。

男性が譲れない条件の第1位は、**「安らぎを感じられる」**。2位「気配りができる」、3位「健康である」、4位「誠実である」と続き、5位にやっと「美人である」が出てきます。

この結果を見ると、男性が本当に求めているものと、女性が想像するそれとの間には、かなりギャップがあるということがわかります。

使い古された感のある「癒し系美人」という言葉が、それでも消えずに残っているのは、それだけ男性からの根強い支持があるから。井川遥さんや安めぐみさんは、「癒し系美人」の代名詞的な存在として人気が出た人たちですが、一過性のブームで消えることなく、人気を保っています。

しかし、男性が望むのは「安らぎ」などといわれてしまうと、女性はかえって頭を抱えてしまうのではないでしょうか。

料理上手が求められるのなら料理を、美人が求められるのならメイクを習いに行けばいい。でも「安らぎ」は、習って身につけられるものではありません。「私、今月から〝安らぎ〟習いに行くの」「あら、私なんてもう〝気配り〟資格を取得したから、首の傾きだけで、彼が何を望んでるのかわかるのよ」などということがあれば楽しいと思いますが、現実はそんな訳にはいきません。

安らぎを感じてもらうために、常に気を遣っておかなければ、と思う人もいるのでしょうが、人は気を遣われ過ぎると、リラックスできません。**安らぎとは、相手がリラックスできること**。さりげなく接することです。

外見の印象においても、流行のメイクや顔立ちを美しく見せるメイクより「安らぎを感じさせる」雰囲気を出すのが婚活のメイクのポイントです。

column

運命は6秒で決まる⁉

婚活での新しい出会いで、特に大切なのは第一印象。

婚活は、できるだけ早く結婚したい人たちがする活動。脈がない相手と、何カ月も結婚につながらない恋愛なんてしたくないと思うのが普通。

出会った相手に対する印象は、最初の6秒間で八〇%が決まるといわれています。つまり、相手にとってあなたが結婚対象になるかどうかの判断は、出会って6秒でほぼ判断されています。

「噛《か》めば噛むほど味が出るタイプです」「相手に理解してもらうのに時間がかかるんです」「第一印象とのギャップがウリなんですよ」などいう人がいますが、それは婚活という場面では大損。おそらくほとんどの人は、あなたの「良さ」を知る前に去っていくでしょう。

婚活で出会う相手は、「いま」結婚したいと思っている人。

そんな人は、できるだけ「無駄な恋愛」は避けたいでしょうから、当然、判断するのも早い。もちろん十年、二十年と続く結婚生活を共に過ごす相手なのですが、三年や五年経って、やっとわかる魅力が現れるまで、待ってはくれません。

第一印象で好印象を与えるには、「パッ」と、相手の目に入るところに気をつけることが肝心。目線や表情、服装や姿勢、さらには話し方など、「一瞬で心をつかむ」ポイントを覚えておいて、瞬間的に出せることが重要です。

「おせっかい女」は嫌われる

相手に好かれるコミュニケーションで大切なのは「優しさ」。でも、優しさを押し付けすぎると「おせっかい」になって、好かれるどころか嫌われます。「優しさ」だけでは足りないのです。

もうひとつの大切なものが**「さりげなさ」**。

人から気を遣われると、気を返そうとするものです。そうすると、気の遣い合いをして、お互いに疲れるだけ。よく言われることですが、**気は「遣う」のではなく「利かせる」もの**。それが、男性の求める「安らぎ」にもつながります。

「気を遣う」と「気を利かせる」はどう違うのか。

たとえば、スポーツをして汗をかいて、のどが渇いていそうな相手に「何か飲みますか?」と聞いてから飲み物を用意するのが「気を遣う」。それに対して、同じ状況で、「これ飲んでください」とスポーツドリンクを渡すのが「気を利かせる」。

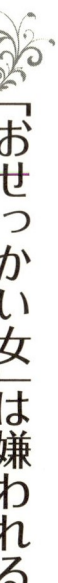

「気を利かせる」というのは、相手のニーズを察知して、半歩先回りすること。あまり先回りし過ぎてもいけません、半歩先というのが重要です。

もうひとつ例を挙げると、たとえば鍋料理を囲む場面。気を遣って、かいがいしく取り分ける女性。相手の器を取り上げて、優しさのつもりで、鍋の中にあるものは野菜も肉も魚もすべて、全種類入れてあげようとする。でも、相手にとっては、食べたくないものもあるかも知れません。勝手に入れられてしまうのは有難迷惑な場合も。これだと、「優しさ」ではなく「おせっかい」。嫌われてしまいます。

「気を利かせる」場合だと、あらかじめ会話の中で、食べ物の好みをさりげなく訊いておきます。そこで、しいたけが苦手だとわかったとしたら、鍋が出たとき、しいたけは入れずに取り分ける。さらに、相手の器を出させるのではなく、手もとにある自分の器に取り分けて、相手の器と交換する形で渡すのもポイント。こうすると、「取り分けてあげている」という、これみよがしな感じや押しつけがましさもなく、さりげなく好印象を与えられます。

安らぎを感じさせるためには、「優しさ」だけでは物足りず、「さりげなさ」が重要。この**「さりげなさ」こそが、なんとも心地よく、気を遣わずに「楽」でいられる**と感じられて、男性に「結婚したい女性」と思わせるための効果的な武器です。

結婚の可能性を広げるのは「素直」

結婚できた女性の共通点のひとつは「素直」ということ。

まわりからの**アドバイスを、耳障りが良くても、悪くても、全て素直に受け入れる**ことができるか。それは、結婚相談所でも同じです。

私たちは「結婚させるプロ」。一方で、会員の皆さんは、婚活のキャリアは積んでいるかも知れませんが、まだ結婚していないという立場。結婚するノウハウに関しては、私たちのほうが豊富に持っているわけです。短期間で幸せな結婚ができたのは、婚活のプロである私たちのアドバイスを、素直に聞いて実践された方々でした。

自分の魅力をアップさせるうえでも、客観的な視点で足りない部分に気づかせてくれる存在は大切です。単なるダメ出しではなく、親身に的確なアドバイスをしてくれる友人がいれば、そのアドバイスを聞くことで、自分を高めていくことができます。自分の目から見た自分と、周囲の目に映る自分とは、多少なりともギャップがあるはず。そのギャップを知ることが、ひとりよがりではない自分磨きをするために必要なのです。

さらにもうひとつ、婚活の場面で男性と会話をしているとき、素直に相手の話を聴くことも重要です。

「美味しい韓国料理の店があるんだけど……」と言われても、「辛《から》いものは嫌い」と答えたり、「サイクリングって気持ちいいよ〜」と言われても、「汗かくと気持ち悪い」といった調子で、相手が何を言っても、はねつけるような反応をする女性。そんな反応ばかりされたら、男性は、受け入れてくれることしか話せなくなりますから、必然的に口数も少なくなります。その挙句、その男性のことを「あまりしゃべらないし、おとなしくてつまらない」と言ってしまう。これって、彼が原因なのでしょうか。

彼が「しゃべらない人」なのではなく、**彼にしゃべらせない雰囲気をつくっていただけ**のことなのです。否定的な返しばかりしていたら、会話は成り立ちません。相手が何か言ったら、どんなことでも、まずは「そうですね」と、素直に返すようにしましょう。

相手に同意できない場合でも、「そうですね。でも、私はこう思うんですけど……」というふうに、まずは**「そうですね」と相手の言葉をいったん受け入れてから、自分の意見**

を言うようにします。この最初のひと言を忘れずに。

素直であるかどうかで、相手が見せる人格すら変わってしまいます。

素直な人は、相手のよさを引き出せて、縁もつかめます。逆に、頑固な人は、相手を受いれられず拒絶的になり、せっかくの縁も自分ではねのけてしまいます。

婚活がうまくいっていない人の共通点である「頑固」。頑固でいると、縁を含めたあらゆる可能性を閉ざします。逆に言えば、「素直である」ことが、全ての可能性や縁を広げるとも言えます。

隣の芝生は青く見える

「まわりが結婚していって、今まで遊んでいた友人が減っていくと、自分だけが取り残されるような気がして……」と、婚活を始められた方がよく口にする言葉。そして、友人の結婚相手と比較して、友人よりも条件のいい男性と結婚しなければと思って、男性と会っても変に意識して、さらには焦ってしまう。

価値観は人それぞれ異なっているもので、他人と比べても意味がありません。自分がどんな相手に魅力を感じるかもわかりませんし、何をもって幸せと感じるかも人によって違いますから、他人と比較しないように。焦り過ぎて、重要なポイントを見落としてしまいます。

まわりと比較しないためには、理想の相手像を明確にして、しっかりと心にイメージしておくこと。「隣にいてほしい人」の具体像をしっかり持っていれば、他人がどんな相手と結婚しようと、気にはなりません。

焦るのなら、他人と比較して焦るのではなく、自分の将来を見て焦ってください。

二十代、三十代の独身で恋人がいない人が一年以内に結婚できる確率は、たった二～五%。積極的に婚活した人を対象にすると、倍の四～一〇%に上がりますが、それでも九〇%以上人は一年以内に結婚できていないのが事実。

まわりを気にしている時間はありません。比べるならば、自分が思い描く理想の五年後、十年後の結婚生活。それを実現するために、今現在の自分に足りないものは何なのか。自分の将来のための、建設的な「焦り方」をすることです。

短所は全てあなたの個性

ずっと直らなかった、**自分のクセや欠点は、今さら直すのは難しい**ものです。だから、**全て自分の個性**と考えてください。

運転しているとき少し気が短くなるとか、片づけや料理がどうしても苦手だったり、人におせっかいにアドバイスしたりなど、どうしても直せないのなら、無理に直してストレスになるよりも、個性と捉《とら》えて受け入れてくれる人を見つけましょう。というより、そうすべきです。

料理や整理整頓が苦手な人が、本来の自分の姿を隠して、相手に好印象を与えるだけの偽りの姿を見せ続けて結婚にこぎつけたとしても、いつまでも隠し続けられるものではありません。いつかは相手にバレてしまい、それが原因で破談や離婚ということにも。

「足りてない部分」も受け入れてもらったうえで結婚しなければ、後々問題になるかも知れませんので、「苦手なことは苦手」「無理なものは無理」と伝えること。ただ、伝え方には注意してください。

「掃除が苦手で部屋が汚いんです」「実家なので料理を作ったことがありません」などとは言わずに、「片づけ、がんばってるんだけどうまくできなくて」「本を見ながら料理を作ってみてるんだけど、なかなかレパートリーが増えなくて」というように、「苦手だけどやる気はある」という表現にしたほうが、相手には後ろ向きで悪い印象ではなく、前向きな個性だと受けとってもらえます。

たとえ料理が苦手でも、結婚生活が始まるまでは、実際に料理の腕前を相手に披露する機会はそれほど多くないはず。たまに作ってみせる機会のために、何も見ずに手際よくサッと作れる得意メニューが、ひとつふたつあればＯＫ。とりあえずは、「彼をうならせる一品」だけ作ればいいのです。

ウソをついて自分をつくるのではなく、**悪いところも隠さずにちゃんと出す**。ただし、**個性という印象になるように出す**ことが大切です。

本当の結婚適齢期

　この十年で平均初婚年齢は、男女とも約二歳高くなっています。（男性三十・五歳、女性二十八・八歳。国立社会保障・人口問題研究所「人口統計資料集二〇一〇年版」、厚生労働省「人口動態統計」）。

　平均初婚年齢は時代とともに変化していますが、**「平均初婚年齢＝結婚適齢期」というわけではありません。**結婚適齢期は、人それぞれ異なります。ですから、年齢は関係なく、結婚したいときが結婚適齢期です。

　四十歳で結婚することになったとしても、「ああ、私はこの人に出会うために今まで独身で来たんだ」と、そう思ってください。

　結婚が遅れたから「残りもの」の中から選ぶしかない、などということは、決してありません。誰にでも必ずひとり、幸せになるために相応しいパートナーが見つかります。その相手を見つけるのに、早いも遅いもありません。

自分のパートナーとなるべき人が、必ずひとりいると信じること。自分の魅力と可能性を信じてください。

ただし、見つけるための努力は必要です。今まで出会えなかったのですから、今までと同じことをしていては難しいので、今の自分を変える行動をしてください。動けば環境が変わります。**自分の幸せの一歩を踏み出そうと思ったときが、「真の結婚適齢期」です。**

相手の喜ぶこと、何をしてあげられますか？

結婚相手の男性には、家事を手伝ってほしい。たまには料理もつくってほしい。年に何回かは旅行にも連れていってほしい。

「こんなことをしてほしい」「あんなこともしてほしい」という女性に質問です。**「あなたは相手に何をしてあげられますか？」**

その言葉を聞いた途端、言葉に詰まって黙り込んでしまわれる人もいます。相手に対する要求はすらすら出てくるのに、自分がしてあげられることとなると、せいぜい料理、掃除くらいしか出てこない。でも、結婚は相手あってのもの。自分から相手に何をしてあげられるかを、しっかり考えることも大切ではありませんか？

大好きな人がいれば、その人に幸せになってほしいと思いますよね。「この人が幸せになってくれたら、私も幸せ」と思える。

「何かしてあげたい」そういうときは、相手も「何かしてあげたい」と思っているものですから、同じだけのものが相手からも返ってきて、お互い幸せになれるのです。あれやこれやと言う前に、あなたは相手の喜ぶことで、何をしてあげられるかを考えてください。

幸せになる方法のひとつに、「相手を幸せにしてあげたいと思うことで、自分も幸せになれる」ということがあります。相手が自分に、何をしてくれるかという「フォーミー（自分のため）」ばかりを考えていては、結婚は成り立たないし、二人で幸せを感じることもできないでしょう。

婚活でも、最初の段階では「こうしてほしい」「ああしてほしい」と相手に求めるばかりの人が多いですが、「ギブ＆テイク」ですらなく、「テイク＆テイク」という人もいます。でも、婚活をしていくうちに「ギブ＆テイク」になって、さらに**結婚が近くなってくると、人は「ギブ＆ギブ＆テイク」**になっています。

「相手が好きだから」「尊敬しているから」「大切だから」相手が喜ぶことをしてあげたい。そういう気持ちが、自然に芽生えてくるものです。

相手に対して自分は何をしてあげられるか。早く結婚を引き寄せるためにも、今のうちに、「フォーユー（相手のため）」が、たくさんできる自分になりましょう。

わたしの結婚物語①

誕生日なんてイラナイ

一人ぼっちの朝。

誕生日を迎えた朝。由紀は雲ひとつない青空を見上げながら泣いていた。
今までで一番といってもいいほど寂しい誕生日。
「誰も私を祝ってくれる人がいない……」

父親が癌で5年前に他界、そして元々体の弱かった母も、看病の疲れから病気になって昨年末に他界。唯一の肉親である兄も、7年前に父親と大喧嘩の末、家を飛び出してからは、会うこともほとんどなくなった。

「なんか孤独……」

誕生日に一人でいるときほど孤独を感じる。

由紀は寂しさに押しつぶされそうになっていた。

学生時代の仲良し四人組も、由紀以外はみんな結婚しているので、幸せを邪魔するような気がして最近はあまり連絡していない。

「このまま一人のままなんて絶対に嫌。パートナーが欲しい。結婚したい!」

普通にしていれば、三十歳までには結婚できるだろうと甘く見ていた。

しかし、今日でもう三十八歳。

子ども好きで保育士の資格を取り幼稚園に勤めて、今では主任として現場の責任者。仕事にやりがいを感じないわけではない。でも、他人の子どもも可愛いが、やっぱり自分の子どもが欲しくなる。

「なんで私には子どもがいないの？」

と、たまに自分に腹が立ってくる。

「もう、こうなったら最後の手段」

絶対お世話になりたくなかった、結婚相談所に行くしかない！

ブランド品に興味もなく、両親が残してくれた蓄《たくわ》えで、経済的には少しは余裕がある。天国の両親のために、自分の未来のために、婚活に投資すると決めた。それが自分への誕生日プレゼントとして。

衝撃の現実。

翌日から結婚相談所探しが始まった。

インターネットで信頼できそうな結婚相談所を調べると、思っていた以上にたくさんあって驚いた。その中で比較的感じのよさそうな3社に絞って訪問した。

そして、親身になって話を聞いてくれた所に入会。

昔から明るく世話好きで優しい由紀は、自他共に認める「お嫁さんにするにはもってこい」の肝っ玉かあちゃんタイプ。ただ見た目は、素朴といえば聞こえは良いが、年齢からすると、地味なほうである。

最初のカウンセリングで質問した。

「何カ月で結婚できますか? 子どもも欲しいので、できれば早くしたいんですけど」

するとカウンセラーの久保さんから、思いもよらない答えが返ってきた。

「そもそも結婚できる確率が二分の一ほどです。それに三十代後半にもなると、子どもが欲しい男性からは選ばれにくくなりますから。由紀さんを受け容れてくれる人と出会うには、相当努力しないと結婚できませんよ」

驚きのあまり、言葉が出なかった。

（あれだけ高いお金を払って、結婚できる確率がたったの二分の一？）


呆然としている由紀に、さらに久保さんは続けた。

「今、結婚できる確率をご存知ですか？マスコミでも発表されていましたが、今二十代、三十代で恋人がいない独身が1年以内に結婚できる確率って2～5％ほどです」

安堵から絶望

「私、結婚できるの？」

大きな不安が襲ってきた。


入会すれば簡単に結婚できると思っていた。いや、思いたかった。

（自分の理想の人を十人紹介されて、その中から三人選んで、二股とかしながら三カ月ほど付き合って、そのうちプロポーズされて、結婚して……）

そんな都合のいい妄想は、脆《もろ》くも崩れ去った。

現実は甘くはなかった。

婚活を始めて三カ月、お見合いをしても断られる。それも3連続。
3回目の相手は、由紀から積極的に話して、笑いが絶えないほど会話も盛り上がった。
それなのに断られるなんて、もう訳がわからない。

このまま断り続けられたら、人間不信になるかも知れない。

ある休日、家で一人「ボ〜」ッとしていた。
昔は、楽しく笑い声が絶えなかった家も、今では私一人ぼっち。
最後の頼みの綱であった結婚相談所での婚活もうまくいかず、もう悲しくて悔しくて、
全てを投げ出したくなった。

そんな気持ちで、仏壇に飾ってある両親の写真に目が止まった。急に申し訳ない気持ちになった。

「このまま一人なんて、絶対に絶対に絶対に嫌！何が何でも結婚するからね！応援してね、お父さん、お母さん！」

勝負。

そこから由紀の婚活が再び始まった。

「男性にモテる方法を、小さなことでもいいので、気をつけたほうがいいこと、直したほうがいいところ、どんなことでもあれば全て教えてください」

心を入れ替えた由紀は、久保さんからのアドバイスの全てを、メモを取りながら聞きまくった。

保育士という仕事柄、化粧っけがなかったが、どこに出かけるにもばっちりメイクを心がけ、苦手なヘアスタイルは毎回美容室でセットしてもらう徹底ぶり。

お金はかかったが、結婚のチャンスを逃すわけにはいかない。

男性が喜びそうなコミュニケーションも学び、男性が結婚したくなるような理想の女性に限りなく近づく努力をした。

お見合いを重ねる度に、どんどん由紀はきれいになった。

そしてついに実を結んだ。

おとなしく控えめな男性だが、有名大学卒の地方公務員の隆史さん。

5回目のデートで二人の将来の話をやたらとすると思っていたら、それが彼なりには精一杯のプロポーズらしかった。

思い描いていたプロポーズとは違っていたが、結婚できる相手と出会えたことが何より嬉しかった。

女性慣れしていない彼をうまくリードして、三カ月でプロポーズを受けた。
努力の甲斐《かい》もあって、ほぼ思い描いた作戦通りだった。
彼の両親にも挨拶に行き、いよいよ結婚式の日取りを決めようとした矢先。
突然彼から別れを告げられた。

「ごめん。君とは結婚できない」

本当の私？

由紀は状況がのみ込めず、すぐに久保さんに電話した。
怒りが込み上げてきたが、途中から悲しく情けなくなってきた。
そして、ことの経緯を聞いた。

当初、別れの原因は、彼は裕福な家の一人息子なので、てっきり両親の反対があったのだ、と思っていた。

しかし、それは間違っていた。

彼自身の判断で断ったらしかった。

実は、結婚式場巡りをしている時のこと。

物静かな彼に代わって、式場担当者と熱く話していた由紀を見て、隆史さんは何かおかしいと感じた。「いつも見ている由紀さんと違う」と。

いつもは上品で、華のあるきれいな由紀が、その時ばかりは下町のお姉ちゃんみたいに見えた。今まで見ていたのは偽りなのか、と疑問を持つほど。外見も最初の印象から少しずつ変わっていき、全てが「おかしい」と思い始めていた。

そう思って、会うたびに由紀を観察していた。すると、今までのイメージとは異なって、彼の思い描いていた理想とは大きく離れた人物像が浮かび上がってきたという。

「あまりにも理想と違いすぎる。結婚できない」
隆史さんは、そう感じたらしい。

実は、由紀は本来の自分を隠して、できる限り彼の理想通りに演じていたのだ。

本来の由紀は、彼の理想と大きく離れていた。
幸せの絶頂の中での、突然すぎる彼からの別れに、由紀は目の前が真っ暗になった。

孤独

「やっぱり、私は孤独だ……。もう誰とも会いたくない。こんな思いは二度としたくない。あれだけ努力したのに、もう婚活なんてしたくない!」

何日も家に閉じこもる日が続く。あんなに好きだった仕事も休むまでになった。心配で、何度も連絡をくれる久保さんからの連絡も無視。

由紀は苦しんでいた。

（もうこんな苦しいのは嫌。今まで生きてきて、一番がんばったのに。自分を押し殺して耐えてきたのに。いったいなんなのよ、私だって精一杯生きているのよ！一人でだって生きていける。もう結婚なんかしなくていい。しんどいことばっかりだし、今だって一人だったし……）

「よし、決めた！今まで我慢してきたことを全部やろう！」

由紀は、半ばヤケになって、自分の好きなこと全てやることにした。観たかった映画を観に行き、流行《はや》りのアクセサリーを買い、今まで高価だからと買わなかったブランドの洋服も買いまくった。

大好きな甘いものを控えていたが、ケーキやお菓子を好きなだけ食べて、美術館や物産展など行きたい場所に行って、自分の好みで買いたいものを買う。全て思うがままに好き勝手に行動して、帰宅した。

一通のハガキ。

買い物した荷物を置く音が、誰もいない家に妙に響く。

「ただいま……」

なんとなく言ってみた。

返事が返ってくるわけもない。

玄関に置いてある鏡で自分のやつれた顔を見て、ひざからくずれ落ちた。

涙が止めどなくあふれた。

(私、どうして泣いてるの？お父さん、お母さん、助けてよ！どうして先に死んじゃったの？どうして、私だけこんなに寂しい思いをしないといけないの？)

由紀は自分の運命をうらんだ。

いくら好きなことをしても、何をしても楽しくない。満たされない感情があふれて、どうしていいかわからなかった。

そんな時、玄関に落ちているハガキに目が止まった。「結婚相談所からだ」。

そのハガキには、結婚したカップルのインタビューが載っていて、久保さんからの一言だけメッセージが書いてあった。

【由紀さん、待ってます！】

もう一度ハガキを見た。カップルの女性は、3年婚活して結婚したらしかった。

「3年も」

幾度となく辛い別れがあったんだろうな。それを乗り越えて幸せをつかんだ……。

それに比べて私は……。


その瞬間、由紀の心に再び火がついた。


（一人で何をしても楽しくない。「ただいま」と言ってあげられる人が欲しい！）

最後のチャンスと決めて、もう一度、結婚相談所へ、久保さんに会いに行くことにした。


「久保さん、もう一度だけ婚活がんばらせてください」

「由紀さん、よかったです～」

そう言いながら、目の前の久保さんは泣いていた。

ずっと由紀を信じて、戻ってくるのを心待ちにしていたからだった。


挑戦。

由紀の本気の婚活がスタートした。

もう演じるのではなく、素の自分を魅力アップさせることに力を入れた。

相手の理想の人になるのではなく、「素の自分の魅力を受け容れてくれる人」と結婚する。そんな人に出会う努力をし続けた。


そして、半年後。

中学校で数学の先生をしている、二歳年下の敬介さんと出会った。

お互いに子ども好きが理由で、今の仕事を選んだという共通点があった。

三十六歳の敬介さんは、年下だけど穏やかで、由紀を包み込むような雰囲気の持ち主。

今度こそ、理想の相手に出会うことができた。

由紀は、そう確信していた。


一方の敬介はというと……。

●

初めて、由紀さんと会った時は、正直よくわからない印象でした。

ただ、人の良さは伝わってきたので、「また会いたい」という気持ちになりました。

実は、ボクにも理想があって、ボクの家族を、自分の家族のように大切にしてくれて、子どもが大好きな人がよかったんです。

そして、見た目はきれいだけど、中身は大阪のおばちゃんみたいに、肝っ玉かあちゃんの要素も持っている。みたいな。

友達からは、そんな都合のいい相手は、絶対に見つからないと笑われました。
でも、由紀さんと出会って、付き合っていくうちに、自分の理想にものすごく近い人だと思って、彼女となら一緒に歩んでいける！と確信しました。

そんな思いを察してか、ボクがプロポーズする前に、
「私たちって、結婚したら上手くいくんじゃない？結婚する？」
と彼女から、逆プロポーズされちゃいましたけど（笑）。

●

逆プロポーズから一カ月後、彼の両親へ挨拶。

以前の婚約相手の両親からは、由紀の両親が他界して、今は一人だということで、不信感を抱かれていた。それだけに、今回はかなり緊張した。

でも、敬介さんのお母さんは違った。

「由紀さん、あなたを私たちの本当の娘として、迎え入れさせてもらいますからね。今日から家族。うちは男が二人だから、娘ができて本当に嬉しいわ」

その言葉に、由紀は嬉しくて涙がとまらなかった。

人前で涙を見せることはない。
学生時代に付き合っていた彼に、「泣き顔が可愛くない」と言われて、それ以来、人前では泣かないようにしていた。

でも、今日は何も気にせずに思い切り泣いた。
全てを受け容れてくれた、最愛のパートナー敬介さんに、そして、再び愛のある家族に出会えたから。
「もう、私は一人じゃない」

家族。

結婚後、長く勤めてきた保育園を辞めた。
敬介さんの両親が営《いとな》む小料理屋さんで、お手伝いをすることにしたからだ。

彼の両親は、由紀を実の娘のように可愛がってくれた。何年かぶりに、忘れかけていた家族の温かさを感じることができた。

テニス部の顧問をしている敬介さんの帰宅は遅い。

だから、由紀が「ただいま」と言うことが、なかなかできない。
でも、「おかえり」と言って、喜んでくれる人がいることが、何にも代えがたい幸せだ。

「ただいま〜」

「あっ、おかえりなさい。ごはん、できてるわよ」

「ありがとう。でも無理すんな。お腹《なか》の子に響くぞ。若くないんやから〜」

「若くないは余計よ！　大丈夫！　どんな辛いことも乗り越えられる。だって、私には愛すべき家族がいるから」

一度はどん底に落ちても、諦めなかった由紀。

諦めずに勇気を持って一歩ふみだした、その行動が幸せを呼び寄せたのだ。

彼女は、もう孤独ではない。

第2章

あなたの「理想の人」を決める

「お父さん」好きですか？

カウンセリングをさせていただく中で、意外に多いのが、「どんな相手が自分の理想かわからない」という相談です。

理想がわからないのは、たいていの場合「理想と現実が大きくずれているから」。現実レベルで幸せになれる結婚相手が明確になっていないともいえますが、理想を追い続ける傾向にある、恋愛体質から抜け出せないまま婚活しているのも原因。

そもそも、理想とは何かといえば、自分が「幸せになれる」こと。幸せとは「心が満たされる」こと。心が満たされるとは「安らげる相手がいる」ことです。

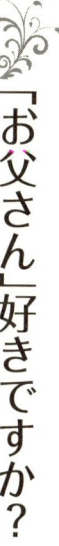

結婚相手がお金のある男性や、見た目がかっこいい男性でありさえすれば、心が満たされるのかといえば、そうではないはず。どんな相手と結婚しても、自分自身の心が満たされなければ、幸せとは言えません。

では「心が満たされる」状態とはどんなものなのか。それを明確にするために、心を深掘りしていけば、自分が育ってきた家庭、自分の家族に行き着きます。

恋愛のように、刺激的で楽しいと感じるときよりも、居心地がいいと感じるときに、安らぎを感じ、心が満たされます。「平凡こそ一番の幸せ」といいますが、特別なドラマもない当たり前の、日常の平穏な日々こそが幸せの原点であり、そんな幸せのルーツになるのが自分の育ってきた家族。

あなたの父親と母親が築いた家族が、居心地のよさ＝幸せを感じられる家族であるはずです。その家族を見つめなおすことが、相手探しのベースになります。

更に大きな影響を受けているのが異性の親、つまり女性の場合は父親が、理想の結婚相手に大きく関係してきます。父親のどんな部分に居心地のよさを感じるのか。「うちのお父さんは平凡で、何の取り柄もないのよ」と言う人ほど、何の長所にも思わなかった父親の性格が、「理想の人」に不可欠な部分、言い換えれば、あって当たり前の部分かも知れません。

理想を明確にするということは、現実に幸せになれる条件と、願望としての条件のギャップを埋めることです。

「理想の人」というと、ついあれこれと夢のような条件を思い描いてしまうものですが、探したいのは、華やかな条件を備えているだけの人ではなく、「あなたを幸せにしてくれる人」。それこそがあなたが探すべき理想の人。

その理想を見つけるためには、あなたにとって最も身近な存在である「家族」をあらためて見つめてみてください。今まで気付かなかった、理想が見つかるかも知れません。

ワクワクよりも、ホッといられる人

恋愛相手なら、刺激的な人や一緒にいて楽しい人が理想だと思いますが、理想の結婚相手のキーワードは「安心感」です。**刺激的な人より居心地のいい人。「楽しい人」より「楽な人」**。これは、男女どちらにもいえることです。

男性は結婚相手に対して「安らぎ」を求めますから、一緒にいてホッとする女性、居心地のよさを感じさせる女性になることが大切。同時に、女性にとっても自分が一緒にいて楽な男性こそが、理想の相手といえるのです。自分の父親に対しては、一緒にいても気を遣わないという人が多いですよね。それが「楽」ということです。

付き合っていた相手からのプロポーズを断って、その彼と別れた二十八歳の女性会員さん。別れた理由は、彼がまだ若くて年収も低かったから。理想の結婚相手は、年収重視で探したいと強く希望して、年収二千万円の会社経営者など、高年収の男性数名と出会って、そのうち何人かと交際。

お見合いで出会ったリッチな男性たちは、デートも素敵なところに連れていってくれるし、高価なプレゼントもくれる。嬉しいし楽しいし優越感にも浸《ひた》れる。でも、どうしても満たされない。そんな矢先に、元彼と偶然の再会。そして、彼から思いがけず、再度プロポーズを受けました。

そのときに、ほかの男性と会っているときには得られなかった、心の満足感が得られたそうです。付き合っているときから、居心地はよかったけれど、彼女は、どんな人とでも付き合えばそう感じるものだと思っていたそうです。でも、「彼だから楽なんだ」と気付かれたんですね。

その後、彼女は、その年下の彼と結婚しました。お金よりも心の満足感を選んだのです。実は、彼女が高年収にこだわっていた背景には、彼女の実家が自営業で、両親はずっとお金に困っていて裕福ではなく、経済的な豊かさへの憧れが強かったということもありました。でも、自分の家族のことは好きだったし、貧しいながらも家族との生活に幸せを感じてもいました。今は育ってきた家庭と同様に、婚活中ずっと拒み続けていた共働きもすることに。彼女は、「自分の家族」という原点に戻って結婚し、今も彼と幸せな結婚生活を送っています。

「年収一千万円以上がいい、次男がいい、身長百八十センチ以上がいい、英語が話せる人がいい……」。聞けば聞くほど、いろいろな条件が出てくるでしょう。そこであらためて、それは自分が「本当に望む条件」なのか、自分が「居心地のよさを感じるために必要なもの」なのかを、考えてみてほしいと思います。

幼いころの家族を思い出す

女性の、理想の結婚相手像のベースとなるのは父親。でも「父親のいいところがわからない」「そんなの考えたことがない」という女性がいます。

女性にはどちらかというと、父親嫌いの人が多く、母親とはよく話すけれど父親とはほとんど口をきかないとか、母親から聞くのは父親の愚痴ばかりという人も。だから「お父さんのどこが好きですか？」と尋ねても、「わからない」という答えが返ってくることが多いのです。

「父親のここが許せない」という人は、そこを許すところから始めてください。

それができないと必ずしも幸せになれない、というわけではありません。幸せの基準があってこそ、何が幸せで、何がそうでないかの比較や判断ができるのです。その基準となるのが自分の家族、さらにいえば両親という夫婦。

女性なら誰でも人生で初めて目にする異性は父親。心理学的にも、最初に異性として認識し、好きになる相手とは父親なのです。つまり、女性にとっての**父親は、結婚相手選びの基準**に大きく影響しているのです。

幼かった頃の家族を思い出してください。家族旅行や、日常の晩ごはんの様子まで。そのとき、お父さんはどんなでしたか？お母さんはどんなでしたか？お父さんは、誕生日にどんなプレゼントを買ってくれましたか？家族との楽しい思い出はありますか？お父さんとお母さんはどんな夫婦でしたか？

「そういえば、よく遊園地に連れて行ってくれました」「週に一度は外食をして、その団らんが楽しかった」など、家族の幸せだったシーンが、いろいろ思い浮かんでくるのではないでしょうか。それがあなたの「幸せの基準」です。

中には、「お父さんは仕事で忙しくて、家族で出かけるのはせいぜい月に一回あるかどうかだった。それが不満だったから、自分の結婚相手は、もっと頻繁に一緒に出かけてくれる人がいい」という人もいるかも知れません。

「幸せの基準」とは、家族とまったく同じようにすることが幸せ、という意味ではなく、あくまでも基準です。たとえば月一回だけ出かけていたとしたら「月一回」が基準値で、それを下回らないほうがいいということ。**自分の家族を振り返ることで、「幸せの基準値」「理想の相手の基準値」が出る**のです。

育ってきた家庭環境が極端に違う相手とは、なかなか結婚に至らないものです。結婚されている多くの人は、自然と家庭環境の近い相手とうまくいきやすいようです。

相手の幼い頃の家庭環境や家族との思い出を聞けば、その人の幸せの「基準値」や、どんな家庭をつくりたいかがわかるし、それが自分に合うものかどうかも判断できます。短期間で幸せな結婚をしようと考えるなら、早い段階で家庭環境を照らし合わせることが大切です。

理想と現実の年収ギャップを埋める

高年収の相手を希望する女性が多いのは当たり前。年収は高いに越したことはないのですが、それより重要なのは価値観や生活レベルが合うかどうか。

自分と**価値観や生活レベルが合う相手の方が、結婚はうまくいきやすい**もの。だからといって、年収の低い女性は、高年収の相手を希望してはいけない、と言うわけではありません。ただ、自分の育ってきた家庭環境や金銭感覚などが似ている相手の方が、価値観が似ていてわかり合えます。

相手の金銭感覚を知ることは大切です。

「高年収の男性がいい」と言っていたのに、いざ付き合ってみると「私には合わない」と言い出した三十歳の女性会員さん。付き合っていた彼は、隣の県のデパートに買い物に行くのに新幹線を使い、街中の移動は全てタクシー。食事は超高級料亭。最初は「夢みたい」とはしゃいでいても、これがずっと続くのかと思うとしんどくなる。そして結局「なんか面倒くさい」と思うようになるんですね。それが「金銭感覚や価値観が違う」ということ。

自分には特別に思えることも、相手にとっては普通。その時点で合わないのです。そういう相手と無理をして付き合っても続きません。

理想の年収は、夢や憧れではなく、自分が**一番心地よいと感じられる生活レベルの基準はどれくらいかを把握**したうえで、決めておくといいでしょう。

独身女性の約六〇％は、結婚相手に年収六百万円以上の男性を希望しています。でも現実には、独身男性のうち年収六百万円以上の人は八％程度、一千万円以上になると一％程度しか存在していません。

年収にこだわるなとは言いません。誰しも、生活レベルが、今より上がるのはよくても、下がるのは避けたいと思うもの。結婚するにあたって、生活レベルを現状よりも落としたくないと思うのは当然。だとすれば、希望する相手の年収は、「生活レベルを下げない」ということをポイントにして考えたほうがいいでしょう。

自分の年収が四百万円の女性なら、結婚して専業主婦になると想定しても、相手の年収が六百万円あれば、今と生活レベルはほぼ変わらないはず。ですから、年収四百万円の女性が、年収六百万円の男性を望むのは妥当です。

ただ、年収二百万円の女性が、「お金はたくさんあるに越したことはないから」というだけの理由で、年収一千万円の男性を望むというのは、やや非現実的。年収が二百万円なら、年収四百万円の男性と結婚して専業主婦になっても、今と変わらないレベルの生活はできます。現在の収入で、そこそこ不足なく生活できているのであれば、年収四百万円ぐらいの相手のほうが、金銭感覚や価値観も近くて一緒に暮らしやすいかも知れません。

今は昔と違い、「独身だと経済的に生活していけないから結婚する」という人は、ほとんどいません。独身でも、生活には不足はないという人が多く、今のままでも普通に幸せなんですね。でも、「さらに幸せになりたいから結婚したい」。その「現状＋αの幸せ」を叶えるひとつの目安が、「自分の年収＋百五十万〜二百万円」のラインと考えてみてください。

意外と気になる出身地

意外と見過ごされがちで、ポイントとなるのがお互いの出身地。

彼がひとりっ子、もしくは長男の場合は、東京在住の相手でも、青森県出身なら、いずれは親の面倒をみるために青森に帰らなければならない、ということも起こりえます。その人と結婚したら、将来自分も一緒に青森に住む可能性があるということです。

あるいは、あなたが自分の親の面倒をみるために、実家の近くに住む必要が出てくることも考えられますよね。また、お互いひとりっ子同士で結婚して、北海道にいる自分の母親と、沖縄にいる相手の父親が相次いで倒れ、夫は仕事で手いっぱい、などということになれば「どうすればいいの？」と途方に暮れてしまうかも知れません。

出身地は確認しておくこと、さらには親の老後もさりげなく確認しておくことは大切です。「好き」だけで結婚してしまうと、ふたを開けたら問題だらけ、ということにもなりかねません。**「結婚まで」ではなく「結婚生活まで」を考えて相手を選ぶ**とはそういうこと。

ゆくゆくは親の面倒を見るために、田舎に帰りたいという思いがあるのなら、最初から出身地が近い人を選ぶといいでしょう。でも、意識していなければ、結果的にうまくいかない相手と無駄に付き合うリスクも高くなります。好きな人を諦めざるをえなくなる。そうなってしまうのは悲しいですよね。

出身地も含めて、最初に「こういう人がいい」というアンテナを立てて、それに合った相手を選ぶということが、結婚を意識した出会いにおいては大切です。

7つ年上までが狙い目

日本の夫婦の年齢差は「夫の年齢が、妻の7歳上〜1歳下」がほぼ九割。弊社で結婚が決まった夫婦も、九割はこの年齢差に該当しています。つまりは、男性のほうが2歳以上年下という「姉さん女房」型の夫婦は、一割程度ということ。

芸能人の結婚に影響されてでしょうか、見た目が若々しく元気な女性で、たまに年下の男性を希望する人がいらっしゃいます。下は何歳下でもいいけれど、上は同い年かせいぜいひとつ上まで。5つも年上となると、「そんなオジサンはイヤ」という女性。

ある四十歳の女性が「私、若く見えるじゃないですか。今までの彼氏も年下が多かったから、たぶん結婚相手は三十歳ぐらいでちょうどだと思うんです。それぐらいの男性を紹介してください」と、真顔で言ってこられました。

四十歳の女性が三十歳の男性と結婚するのが、不可能とは思いませんが、それを叶えるのは非常に困難。普通、三十歳の男性が、四十歳の女性を結婚相手の対象として選ぶことはほとんどありません。

それでも、一割以下の「姉さん女房」型結婚を狙いたい、と考える人がいるのですが、極端に確率の低いほうに的を絞るのは、よほどの努力と時間が必要です。

それとは逆に、かなり年上の男性を希望する女性もいますが、あなたが三十歳で、ひとまわり年上の四十二歳の男性と結婚したとします。子どもにも恵まれて二十年後、夫は定年。でも、子どもから「大学に行きたい！」と言われたとします。すでに夫は定年で収入はごく僅か。年金も退職金もほとんどない。そうなると、五十歳になったあなたが働いて稼ぐしかありません。

冷静にイメージしてみてください。テレビや雑誌で見る芸能人のケースなど、まれにある「年の差婚」には惑わされないことです。

感情だけで結婚するのではなく、しっかりとした将来設計も忘れずに、結婚相手を探してください。

夫婦の半分は共働きが当たり前

昔は、結婚といえば「家と家の結びつき」という考えが強かったこともあって、相手選びにおいては親の意向が強く反映される傾向でしたが、今は本人の判断が最優先。重要なのは、家同士の釣り合いよりも、二人のフィーリング。**「家柄」から「人柄」の時代**になっています。

女性が結婚相手に求める条件といえば、「高学歴、高収入、高身長」の「三高」といわれていました。しかし、最近ではこれが「低姿勢、低リスク、低依存」の「三低」に変化しています。レディーファーストを心得ている腰の低さ、リストラなどのリスクが低い安定した職と収入、家事などの面で一方的に妻に頼ったり依存したりしない、互いのライフスタイルを尊重する自立性を、女性はパートナーに求めるようになっています。時代に合わせて、堅実志向や自立志向が進んでいるともいえます。

不況の影響で低収入の人が増える一方で、女性の社会進出が進んでいるため、いまや夫婦共働きがスタンダード。企業の育児休暇制度などが充実してきて、女性が結婚出産後も仕事を続けやすい環境が整ってきていることも、その要因です。

不況で先行き不透明ななか、妻が一緒に稼いでくれるならそのほうがいいと考える男性も増えています。少し前までは、専業主婦になるケースのほうが多かったのですが、二〇一一年の調査では、既婚女性の七八％が仕事を持っています（ソフトブレーン・フィールド「女性の働き方に関する実態調査」）。

ただ、そうはいっても「家事育児に影響のない程度に働いてほしい」というのが男性の本音。「妻が働くのは、家計が助かるので反対しないが、最低限の家事や育児はしてほしい」という男性は少なくありません。夕食の支度ができる時間までに帰れる仕事であればベストですが、結婚後も残業してまでバリバリ働きたいという女性は、この点について相手の意向を確認すべきです。そのうえで、相手の意向に合わせて仕事を変えることはできるのか、あるいは自分の働き方を尊重してくれる相手を選ぶか、ということを考える必要があるでしょう。

今の時代は、**男性が女性に「家事と仕事とどっちが大事?」と訊く時代**です。

column

アイコンタクトは2秒

初対面では、目を見て2秒ごとに視線を外す。これが好印象を与えるアイコンタクト。

初対面は緊張するものなので、「はじめまして」と挨拶するとき、まったく目を合わせないか、不自然にじっと相手を見据えてしまうか、どちらかになりがち。相手を見ないと、「興味がないんだな」と思われるし、じろじろ見すぎても警戒心が強そうだとか、また、チラチラ見たりそらしたりしていると、落ち着きがないなど、マイナスの印象を与えます。

自己紹介しながら、心の中で2秒カウントして、目線を外す。あくまでこれは初対面に限って。緊張が薄れて慣れてくれば、雰囲気に合わせながら、今度は6秒目線を合わせて3秒外す。これも好印象につながるアイコンタクト。

ニュースを読むアナウンサーは、テロップがカメラの横に流れているにも関らず、わざわざ手元の原稿に目線を落とします。これは、テレビを見ている人が疲れないようにするため。じっと見つめられ過ぎると、視聴者が緊張してしまうので、リラックスして見てもらえるように、意図的に目線を外しているのです。

挨拶するときの「声」も、第一印象を左右する大きなポイント。

心地よい印象を与える声のトーンは、ドレミファソラシドの「ソ」の音。人間の耳にもっとも快《こころよ》い音で、この音を聴くと、リラックスした状態のときに出る脳波、アルファ波が出やすく、この音を好感音といいます。

繁盛しているお店の「いらっしゃいませ」の声や、成績のいいテレフォンアポインターの声を注意して聞くと、「ソ」のトーンであることが多いです。

挨拶をするとき、「はじめまして」の「は」の音を「こんにちは」の「こ」の音を「ソ」の音に合わせる。それだけで印象がぐっとアップします。

第3章

幸せになるための心得

子どもが生まれて、その先まで考えてますか？

三年前に結婚された元女性会員さんから年賀状が届きました。彼女が赤ちゃんを抱いている写真を見て驚きました。彼女は、四十歳から一年間婚活して、見事四十一歳で結婚。おそらく彼女は四十三、四十四歳で産んだのでしょう。彼女は「子どもを産んで家族をつくりたい」と心に決めて婚活を始めた一人でした。

一般的には、女性の妊娠率は三十五歳過ぎから下降し、四十歳になると一〇％以下といわれています。妊娠・出産に関しては三十五歳がターニングポイント、ということは広く知られているので、婚活では、三十四歳から、ひとつ年を重ねるごとに、年齢が与える印象は大きく変わってきます。

男女とも結婚相手に対する年齢条件は、5歳刻みで意識されることが多いです。男性に「何歳ぐらいの女性がいいですか」と聞くと「三十歳くらい」「三十五歳までかな」「四十歳以下がいい」というふうに、切りのいい5歳刻みの年齢で答える人がほとんど。

二十五、三十、三十五、四十というのは、「仕分け」のライン上にある重要な年齢で、たとえば二十九歳と三十歳では、受け止められ方が違います。三十歳の人が年齢を言うときに、なるべく若い印象を与えたければ、**三十歳になって最初の半年間は「三十歳になったばかりです」、残りの半年は「今年三十歳になりました」**、という小技を使うのもアリです。

「子どもが大人になるまでのイメージできていますか？」

こんなことを言うのは、「結婚したい」と言いながら、これから何十年も続く結婚生活に向き合えない人が多いからです。婚活して、結婚が決まりそうになっても、いざとなると「でも、やっぱり……」と二の足を踏んだり、「もうちょっといい人がいるかも知れない」「彼から強引にプロポーズしてくれるなら考えるけど……」と、決断を先延ばしにする人がいます。でも、結婚後の将来まで考えたら、そんなことは言っていられないはずです。

結婚後の将来までを、ロングスパンでイメージすることによって、相手選びの視点も変わるかも知れません。婚活段階では、結婚するかしないかという目先のことは考えられても、結婚後の将来まではなかなか考えが行き届かないもの。

何歳になっても、独身のうちはまだ自分が「子ども」の立場であるという感覚が抜けず、自分自身が親になって、経済的な負担を背負って子どもを育てるということは、あまりピンとこないでしょう。でも、そこであえてリアルな将来をイメージしてみることが、結婚に真剣に向き合える重要なカギとなるでしょう。

「ハートのエース」を引くまで諦めない

あなたの目の前にはトランプの山があります。そこから一枚ずつカードを引いていって、ハートのエースを引き当てることをイメージしてください。たまたまラッキーにも、一枚目で引き当てる人もいれば、四十枚引いてもいっこうに出てこないという人。最後の最後、五十二枚目だったということもありえます。

婚活も同じ。ハートのエースは、あなたが「相手軸」で明確にした、真に理想の相手だと思ってください。結婚像や相手像が明確になって、そこに向けて自分の魅力を高めていけば、結婚はできます。もしできないとすれば、たまたまこれまで会ってきた人が「ハートのエース」ではなかった、というだけのこと。

「自分軸」と「相手軸」が固まれば、トランプを引いていくように、出会いを重ねるだけなのです。一枚や二枚引いただけで「もう無理」と言っていたら、幸せな結婚相手とは出会えません。

なかには、婚活を始めて、だいたい三カ月で諦めてしまう人もいます。疲れや迷いが出てきて「もう私に似合う人なんて出てこないんじゃないか」と思ってしまう。でも、途中でやめてしまったら、そこで終わり。トランプの中には必ず一枚、ハートのエースがあります。同じように、誰にでも必ずひとり、理想の相手が存在しているのです。だから、これまで出てきていなくても、この次に引くかも知れません。

婚活で成功するためのコツは「絶対に結婚できると信じて動き続けること」。雨乞いの風習を持つ部族が行う、あの雨乞いの成功率は一〇〇%です。なぜなら、雨が降るまでやり続けるからです。

結婚できないのは、結婚できないと決めつけて、途中でやめてしまった人だけです。諦めずに幸せな結婚ができると信じて動き続けた人は、必ず結婚できます。

ただ、その縁をしっかりつかむだけの、実力を備えていなければ意味がありません。運頼みでやみくもに引くのではなく、ハートのエースを引いた時に、実力を発揮する準備ができた状態で引きにいくことです。

「なりたい自分」「なるべき自分」を逆算する

「今、ネイルの勉強をしてて、将来ネイリストになって、小さくてもいいからネイルサロンを開きたいんです！絶対に叶えたい夢なんです！」

「じゃあ、その夢が実現したときに、隣にいる旦那さんって、どんな人ですか？」

「えっ……イメージできてません」

夢を持つのはかまわないのですが、婚活においては、「結婚相手とどんな人生を送りたいのか」ということが抜けては意味がありません。あなたが築いていきたい家庭はどんなものか、そのイメージをすることを、すっ飛ばして、勘違いしてませんか？

「なりたい自分」を考える、というのは、**五年後や十年後に、結婚相手とどんな生活を送っていたいかという将来をイメージし、その中にいる自分を考える**ことです。どんな笑顔で、どんな話し方で、どんな振る舞いをしているのか。将来、つまり理想の結婚生活の中にいる自分から逆算して、今の「なるべき自分」を考えるということです。それは、独身で生活している、今のライフスタイルから考えることではありません。

三十八歳の元女性会員さん。彼女は、エステの専門学校を卒業してエステティシャンになりました。三十歳になって、昔からずっと夢だった、自分のサロンを、小さいながらもオープン。しかし、理想の将来をあらためて考えたとき、「結婚して子どもを持つこと」が、自分にとっても何より叶えたい理想であることに気づきます。

四十歳を目前にして、最優先したいのはサロンを持つことよりも、良いお嫁さんになって子どもを持つこと。それがハッキリとしたのです。

自分が最優先したいことが明確になったことで、仕事を理解してくれる相手よりも、家庭を築くパートナーとして、理想的かどうかという観点で相手を選んで、一年の婚活の末に結婚。

ところが結婚後、サロンを閉店してエステを諦めていた彼女に、ご主人は自宅内の一室をエステサロンにしてくれたのです。結果的に、両方の夢が叶ったのです。とはいえ、もしも「結婚もエステサロンも両方」と言い続けていたら、今もまだ、独身だったかも知れません。

「夢を捨てろ」と、言うつもりはありません。結婚すること以外、何かに打ち込んでいる人は、人生において何を優先したいのかを明確にしてください。**自分の理想や希望は全て絞り出して、優先順位をつけて、どんな順番で叶えていくか**を考えてみてください。

結婚のために、今までがんばってきた夢や目標を諦められるのか。夢は自分で叶えるのか、実現した喜びをパートナーと分かち合うのか、パートナーの力を借りて実現させるのか。そういったことは、最優先させるものを決めたあとでも遅くはありません。自分の将来に最優先で実現させたいことは何なのか。それをハッキリさせましょう。

ディズニーランドに行く！と決めたから行ける

人は、見えないものに対して不安を感じるもの。

未来に不安を感じるのは、未来が見えないからです。未来が見えるようになれば、不安は少なくなります。

では、「未来を見える化」するにはどうするか。

たとえば、休みの日にただ漠然と「どこかに行きたい」と思うだけでは、出かけようがありません。「遊園地に行きたい」これでも、全国無数にある遊園地のどこに行こうか迷ってしまう。でも、「ディズニーランドに行きたい」と決まれば、ディズニーランドの場所や営業時間、入場料、そこまでの行き方など、必要なことを調べられます。

どうやって行けるのか、どれくらい時間がかかるのか、何のアトラクションに乗ろうかなど、具体的な話になれば、その時点で「ディズニーランドに行く」ということが、一気に現実味を帯びてきます。そうなれば「休日どうしようか？どこに行こう？」などと、不安はなくなるでしょう。

あなたの人生も同じです。将来が不安にならないように少しでも**「未来を見える化」するには、とにかくゴール（＝目的地）を決める**こと。目的地があるからこそ、そこへ向かう方法がわかって、近づいていけるのです。

自分がどんな相手と、どんな結婚がしたいのかは、目的地を決めることと同じです。そのために自分に足りない部分や、進むべき方向がズレていないか確認できます。

そして、目的地に到達するための手段、それが「魅力」。関西からディズニーランドを目指すとしたら、新幹線など使えば簡単に行けますが、自転車ではなかなか着けません。目的地が決まって、目的地までの行き方を考え出すと、どんな手段を持っていて使えるのかにも気づきます。**「自分が持つ手段＝自分の魅力」**を知ることができれば、結婚に近づく方法がわかります。

自分が「新幹線」だとわかれば、ディズニーランドにならら行けると判断できます。自分が「自転車」だとわかれば「新幹線」になればいい、と目標が明らかになる。あるいは「それならディズニーランドより、近くのテーマパークに行くほうが楽しい」と、新たな目的地が見えてくるかも知れません。

目的地が決まれば、方向がわかる。方向がわかれば、道筋が見える。道筋が見えれば、手段がわかる。手段がわかれば、それを使って進んでいける。そうすることで、見えない未来に対する不安を取り除いてください。

行動するなら気分上々↑↑のタイミングで

婚活を始めるときや、交際するときなど、新しい第一歩を踏み出すには勇気がいるものです。どうしたら踏み出せるのか、その秘訣をお教えします。

それは、気分が高揚しているとき、幸せな気持ちでいるときに、その感情の勢いを利用して動き出すということ。

好きな人から、電話番号を教えてもらったら、すぐ携帯にメモリー登録しますよね。そんなふうに、気分が高揚しているとき（＝テンションが高いのとき）に、感情のままに、簡単に行動に移せることができるのです。

テンションが高いときは、普段よりも積極的になったり、ものごとを前向きに肯定的に捉えられます。**五〇％五〇％で迷っても「YES」と意思決定しやすい感情**になります。

たとえば、お酒を飲んで夜遅くに帰ってくるお父さんが、お寿司の折り詰めをお土産に買ってくる、というシーンはドラマでもよくありますよね。冷静に考えれば、夜中の二時三時にお寿司を買って帰っても、家族は誰も喜ばないはず。それなのに、いったい何で買ってしまうのだろうと思いませんか？酔っぱらっているときは気分が高揚してるので、普段のテンションなら買わないものでも買ってしまうんですね。

女性なら、旅行先での買い物やバーゲンを思い出してもらうと想像がつきやすいと思います。いつも以上に買ってしまう自分がいるのを。

人間は気分が高揚しているとき、ハイテンションのとき、イエスかノーの二者択一があったら、イエスのほうを取ります。「買うか、買わないか」なら「買う」。「やるか、やらないか」なら「やる」を取る。

この感情の力を、利用しない手はありません。婚活は、なかなか進展がないと面倒くさいと思うもの。まだ好きかもわからない男性とデートしなければいけない。そのためにオシャレもしなきゃいけないし、エステに行って、メイクも習って……。「あ〜面倒くさい！」そう思い始めてしまったら、どんどんテンションが下がっていきます。「やるか、やらないか」なら「やりたくない」気持ちのほうが大きくなって、婚活をやめてしまうことになりかねません。

だからこそ、意図的にでも、結婚できるまでは、テンションを維持し続けなければいけないのです。テンションを上げておけば、「やるか、やらないか」なら「やっておこう」、「会うか、会わないか」なら「会っておこう」、そして「結婚するか、しないか」なら「結婚しよう」と、全てが前向きになります。

テンションが高いときに、その感情の力をうまく利用すること。だから婚活は、気分が落ち込んでいるときに始めることはお勧めしません。**テンションが高いときのほうが、会った男性のことも好意的に捉えられるし、いいところを見つけやすい**からです。

気分が高揚しているとき。未来を変えるための一歩を踏み出す絶好のタイミングです。

column

鏡なしで笑顔になれる裏ワザ

「笑顔」は第一印象アップのために大切。

理想の笑顔は、小さな子どもの目線に合わせて微笑むようなやわらかな笑顔。でも、デートやコンパの前に、簡単に子どもを見つけられません。そこで、プロカメラマンが使う、簡単に笑顔をつくる方法を教えます。

カメラマンが新人モデルを撮影するときに聞くこと。

「なにかペット飼ってるの?」。仮にタロという犬を飼っていたとすると、「じゃあ目を閉じて、タロと遊んでいる姿を想像してみて」と言うそうです。そして、ペットと楽しく遊んでいることを想像して、気分も楽しくなったところで、目を開けて自然な笑顔で撮影開始。

人は、リアルにあった幸せなことをイメージすると、自然な笑顔になります。

最近あった幸せな体験を思い出してください。大層なことでなくても構いません。

「ケーキバイキングで二十個も食べられた」「仕事で上司にほめられた」「クリーニングでコートから五千円出てきた」など何でもいいので、最近の幸せな体験を常備しておいてください。

しかし、時には、落ち込んだり体調が悪いとき、幸せなイメージができないときもあるでしょう。それでも好印象を持ってもらえる対処法があります。

口角《こうかく》を上げて、口元だけ笑った状態にする。とにかく口角だけ上げて、上の歯を軽く見せるだけ。口元さえ笑っていれば、笑顔の印象を与えられるのです。

口角を上げることを意識してください。それだけで表情がパッと明るくなります。

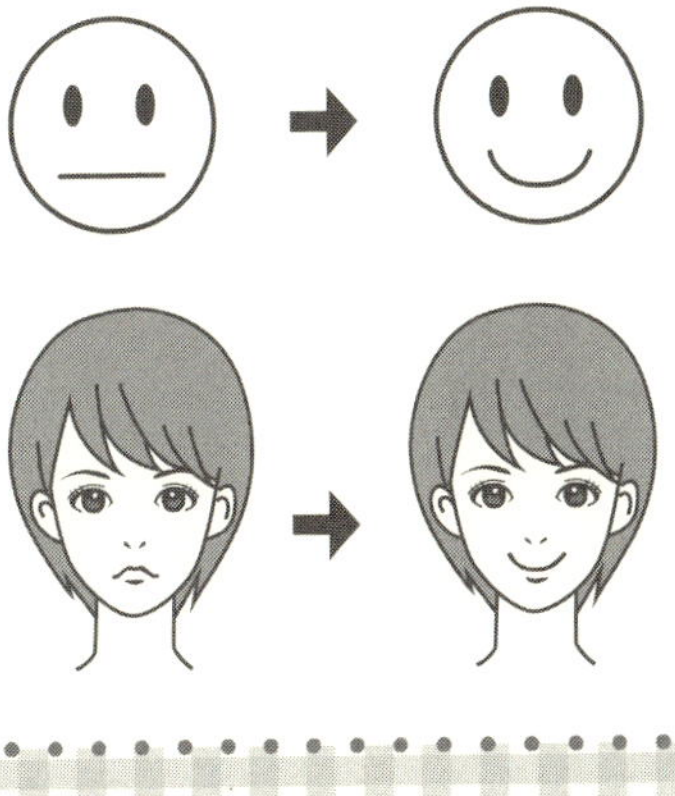

「ありがとう」と言う人に結婚が近づく理由

そろそろ結婚という人の共通点は「ありがとう」をたくさん言っていること。

たとえ理想と違った人と出会ったとしても、会えたことに対する感謝の言葉が出てくる。ご縁はなくても、何かしら意味があって出会えた相手だと考えて「私に会ってくれてうれしい」「こんな気づきを与えてもらった」という、前向きな気持ちになれる。そんな人が結婚を引き寄せています。

同じ努力をしていても、プラス思考の人とそうでない人とでは、引き寄せる結果が違ってきます。

たとえば、ちゃんと化粧をしてオシャレをして行ったのに、相手がタイプではなかったというときに、「タイプじゃないけれど、いい人だし出会えてよかった。ご縁はなかったけど、彼に喜んでもらえたなら、きれいにしてきてよかった」と考える人と、「こんな人、全然タイプじゃない。キレイにしてきて損した」と考える人。

最終的に、どちらの結婚が早いかというと、やはり前者のプラス思考の人。容姿などは関係なく、前者のタイプの女性は、あれよあれよという間に結婚されています。

ものごとをプラスに捉えていると、相手の良い部分を発見するのが得意になってきます。その結果、結婚したときのメリットや自分に合うか、判断することが早い段階でできるのです。

単純に、感謝の念を持てるような人間性そのものが人を惹きつける、ということでもあるのかも知れませんが、そういう女性は本当に人気があります。

以前セミナーで、参加者の女性のひとりが帰り際に「このセミナーで前向きになれました。今日は来てよかったです。どうしてもそれをお伝えしたくて」と、お礼を言いに来てくれました。すると、その様子を見ていた男性が「あの女性は誰ですか？あの人と話してみたいです」と、私のところに駆け寄ってきました。

その女性は、きれいな顔立ちをされているのですが、ショートカットでちょっとクールな印象があり、あまり男性受けするタイプではありません。写真だけなら、彼女の魅力は伝わらなかっただろうと思います。でも、実際の彼女からの、時折出る笑顔から、人の良さがにじみ出ていました。

感謝の気持ちがある人、突きつめていえば**「愛」のある人は「この人と一緒にいたい」と思わせるオーラが出ています。**それが結婚を引き寄せる人の共通点です。

親友と一緒に婚活しないでください

あなたが婚活で苦戦しているときに、同じく婚活していた仲のいい女友達が結婚することになったと聞けば、動揺しますよね。人と比べても仕方ないとわかってはいても、どうしても気になるもの。

友達と一緒に婚活したいと言われる女性は多いのですが、実際にそうすると、相手の状況が気になって、不要な焦りを感じながら婚活することになります。友達と一緒に婚活する場合、できるだけお互いの状況を聞かないほうがいいでしょう。

仲のいい友達とは、好みや感覚が近く似ていて、好きになる男性の内面も似ていることが多いのです。もしあなたと同時に婚活した友達が、婚活であなた好みの男性と付き合うことになったとします。そのとき、自分の婚活がうまくいってなかったとしたら、まったく嫉妬心も持たずに心から祝福できますか？

婚活パーティーも、友達と一緒に参加するのはおすすめしません。たとえ一緒に参加したとしても、パーティーでは、隣同士には座らずに、必ず間隔をあけて座ること。隣にいると、お互い気になって、せっかくの可能性を潰してしまうことがあるからです。

会場にちょっといいなと思う男性がいたとして、あなたが「3番のあの彼、どうかな」と友達に聞く。そこで「えー、イマイチじゃない？」などと言われてしまうと、もう彼に対して、それ以上のアクションは起こしづらくなってしまいます。そんなふうに、せっかくの出会いに前向きになれないこともあります。

婚活において、「友達同士でやらない」というのは大事なポイント。同じ立場の友達とは、愚痴や悩みを言い合うことはあっても、建設的なアドバイスをし合えることが難しい場合があります。付き合ってから相談するのは構いませんが、相談相手としては、友達よりもむしろ母親のほうが適任。理想が父親に近いのなら、その父親をよく知る母親にアドバイスを求めるほうが賢明です。

不安になるのは当たり前！そんなときは原点回帰

最初のうちは前向きに婚活していても、失敗が続いたりすると、「このままで本当に結婚できるのかな」と誰もが不安になります。

その不安を払拭《ふっしょく》するには、「なぜ結婚したいのか？」と自分に質問することです。不安からスランプに陥ってしまったときには、まずその「原点」に立ち返る。

「結婚して、幸せな家族をつくりたいから婚活を始めた」と、最初に一歩踏み出した時の気持ちを思い出してください。

お見合いやデートや交際を断られ、傷つくことへの怖さ。いつまでもゴールが見えず、ただ時間とお金を無駄にしているだけなのではという徒労感。婚活をしていると、さまざまなストレスにさらされます。人間、調子の良いときと悪いときの波は必ずあります。

婚活に疲れたときは一度立ち止まり、親しい友人や家族に辛い気持ちを全部吐き出すのもひとつ。困難を吐き出すことで、目の前の霧が晴れてクリアになってきます。

そうすると、「なぜ自分は婚活しているのか」「十年後にどうなりたいのか」をあらためて思い出して、また前に進もうという気持ちが自然にわいてきます。

それでも元気にならなかったら、**今やりたいと思うことを、とりあえず気の済むまで、思い切りやってください**。旅行でも買い物でも、何でもかまいません。

ある程度やれば、そのうちに疲れて「もういいわ」と思うときが来ます。何をしても結局むなしさが残り、「今やるべきことはこんなことじゃない」「本当に必要なのは、私のことをわかってくれるパートナーなんだ」と、きっと気づくはずです。

そこでまた気持ちを前に向けていけます。婚活に疲れることがあったら、原点に戻って、理想の将来、自分が描いたビジョンをもう一度ゆっくりと心の中で描き直す。

焦らなくても大丈夫です。それで再び一歩踏み出せたなら、確実に幸せな結婚に一歩ずつ近づいていますから。

column

ケータイで表情チェック！

グラフを見てもわかるように、相手との会話では、話す内容よりも、表情や声のトーンのほうが大きな影響を与えます。

話す内容は、印象を決める要素の7％程度に過ぎません。何を話すかではなく、話すときの表情や話し方が、印象を大きく左右します。

話題を豊富にしておかなければと、ニュースや新聞をチェックするよりも、自分が話すとき、どんな表情や話し方をしているかをチェックすることのほうがよほど重要。

携帯電話やデジタルカメラで、動画撮影も簡単にできますから、自分がしゃべっているところを自分で動画撮

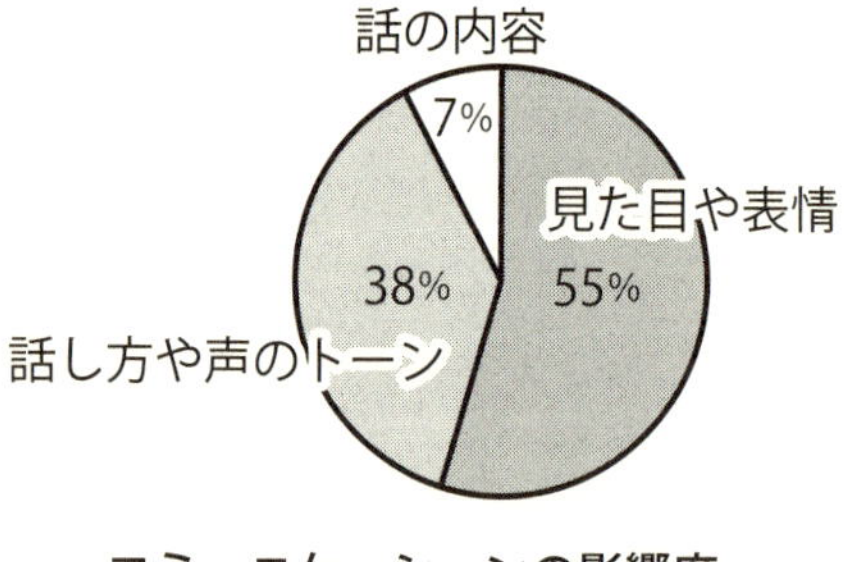

コミュニケーションの影響度

影してみること、それが何より自分を魅力アップさせる近道です。

たとえば「はじめまして、○○です」と言いながら、それを動画撮影。それを見て、表情や声のトーンをチェック。

マナー講座やコミュニケーション研修などでは、参加者がしゃべるところをムービーカメラで撮影し、それを見せながら表情などの分析をする、ということが行われています。でも、わざわざお金を払ってそのような研修を受けに行かなくても、自分の部屋で、たった一人でも簡単にできます。

自分の声や話し方、話しているときの表情などは、客観的に録音や録画してみないと認識できません。印象アップのために、このセルフチェックは即実行してください。本を読むより、セミナーに行くよりも即効果のある自分をよく知るための方法のひとつです。

結婚を遠ざける「言い訳症候群」

「逃げ」「自己嫌悪」「上から目線」。うまくいかないとき、陥りがちなのがこの三つ。

「今、仕事が忙しいからできない」「習い事の発表会が近いからできない」「友達と旅行に行くのでできない」など、目の前の婚活から逃げようとする。それが自分にとってベストな選択なのか、後悔することはないのか、もう一度考えてみてください。

また、「どうせ私なんか」「どうせ誰にも相手してもらえないし」と、自己嫌悪に陥ってしまう。そんなときは、出会った人をトコトン褒めまくりましょう。一人の人を十個褒めると、その相手は気を遣って一個二個はあなたのことを褒めてくれるでしょう。それが自分の魅力だと思えるようになって、少しは自分が好きになるはずです。

そして、「いい人がいない」というのも、婚活で行きづまる人の決まり文句。

いい人がいないのではなく、いい人がいても見えていないだけです。感謝の気持ちや、相手に寄り添おうとする気持ちも持たず、ただ不満ばかりの人には、どんなにいい人が横を通り過ぎても、見えることはありません。

あなたが、特別な人でもない限り、「いい人がいない」というのは、ちょっと上から目線になっているかも知れません。「いい人いないかな」と上から覗き込んでいるような意識でいる限りは、あなたの横を通る運命の人にも気づくことはないでしょう。

「今はできない」と逃げていないか。「どうせ」という言葉を口にして自己嫌悪していないか。「いい人がいない」と決めつけて上から目線になっていないか。全て**結婚を遠ざける決まり文句**です。

会社は老後までお世話してくれません

デートの日、あるいはパーティー当日、急に仕事が入ったらどうしますか？「仕事だからしょうがない」と、デートやパーティーをキャンセルしてませんか？

よく考えてみてください。婚活は、自分がこの先、一生をともにする相手を決めるものです。会社や仕事は確かに大事ですが、婚活を犠牲にしてまで、優先させるほどのもののでしょうか?

そこまで尽くしても、会社は、あなたの私生活まで面倒をみてはくれません。一人で寂しいときに、寄り添ってくれるわけではありませんし、熱が出たときに、看病してくれるわけでもなければ、老後ずっと世話をしてくれるわけでもありません。

もし子どもがいたら、子どものために仕事を休んだり、時間を調整することは、ごく普通のこと。**婚活も、それと同じくらい優先するべき**です。

仕事以上に優先させないまでも、同等扱いにしてください。デートの約束が入っていて、あとから仕事のアポが重なったら「大事な用事が入っていますので」と、元々の予定であるデートを優先し、仕事のほうを調整するようにしてください。

最近は、男まさりに活躍している女性が多くなって、仕事を優先し過ぎて出会いをないがしろにして、結果的に結婚を遠ざけている人が多いのですが、婚活は、一生かかわりのある家族をつくるもの。自分の人生という観点からでは、仕事より大事だと思います。

五年後、十年後、さらにその先も後悔しないように、自分の未来の幸せを最優先事項にして取り組むという意識を持ってください。

「婚活女性の自分磨きは悪循環」

このタイトル同様のある某女性誌のタイトル記事。まさにその通りだと思いました。自分磨きというと、勉強して何かの資格を取るとか、語学を身につける。もちろん、仕事に役立てたい場合もあるでしょうし、資格を取ること自体は悪いことではありません。しかし、よく世間で言われる**「資格を取れば女性としてのレベルが上がって、結婚に近づく」というのはウソです**。

男性が結婚相手に求めるものは「安らぎ」。相手に「安らぎ」を与える資格ってありますか？「安らぎ一級」に受かったから、十秒で安らぎの空間を作れるようになったとか、「癒しの上級」持ってるから五秒で男性を癒すことができます……なんて聞いたことないですよね？

勉強して資格をいくつも取ることは、男性から求められる女性になるという意味においては、それほど必要ではありません。履歴書に書ける資格がたくさんあっても、結婚に際しては有利になりません。

仕事のやりがいを熱く語りすぎるのもＮＧ。「それなら、わざわざ結婚しなくてもいいんじゃない？」「結婚してもほとんど家にいないのでは？」「仕事を続けたいから結婚するの？」と、勘違いされるかも知れません。

結局のところ、男性が求める結婚相手というのは、家庭を支えてくれて、安らぎを与えてくれる女性を求める傾向が強いのです。いくら時代は変わって女性が強くなってきているとはいえ、一般的な男性の本音の部分はそうは変わっていません。

イキイキと仕事をすることは素晴らしいことです。男性も、女性が楽しそうに仕事をしていることが嫌いなわけではありません。ただ、仕事のやりがいや大変さを、過剰にアピールするのはマイナス。なかには「仕事がほんとに忙しくって、昨日も徹夜でほとんど寝ていなくて～」などと、デートで語る女性がいますが、男性としては「それは大変だね」としか言いようがないし、そこから会話が盛り上がるとも思えません。

アピールするもの、そして方向をくれぐれも間違えないようにしてください。

結婚とは「寄り添う」こと

「結婚って、結局のところ何だと思いますか？」

結婚された会員さんには、「全てが二倍になります」と答えます。

喜びも幸せも、そして苦労も困難も全てが二倍になります。喜びや幸せなどのプラスの出来事は一人で受け止めることはできたとしても、苦労や困難などのマイナスの出来事を一人で受け止めることは不可能。**どんなことでも二人で受け入れていく、その覚悟を持つのが夫婦**というものです。

家族は、かけがえのない唯一無二の理解者とも言いますが、もうひとつわかっておいてほしいことがあります。それは**「人と人はわかり合えない」**ということです。

女性はよく、男性が「私のことをわかってくれない」と言います。でも、そもそも相手は、体も思考回路もまったく違う別の生き物なのですから、わかってくれるはずがないのです。

家庭を持つことの捉え方も、男性と女性では少しニュアンスが違います。

男性にとって家庭とは、人生の夢や目標に向かって走る自分を支えるものでオアシスのような癒してくれるものという位置づけ。家族を守っていくことを、自分の人生を走るためのエネルギー源とするため、結婚を必要とする面が大きいものです。

一方で女性は、結婚そのものによって自分の生活を満たしたいと考えます。

女性は子どもを産み育てて、家庭という居心地のいい「巣」をつくりたい。**男性にとって家庭とは、自分がそこから戦いに出てまた戻るための、居心地のいい「基地」**。そこを理解できていれば、互いの求める居心地のよさが何なのかも理解できるでしょう。

婚活でも、相手に対して「ここが嫌だ」と思う前に、自分と相手はそもそも違うという事実を受け入れる。「相手軸」のベースがしっかりできていれば、多少相手に嫌な部分があったとしても、それを「木」にたとえるとすれば、こだわるべき根幹なのか、それとも目をつぶれる枝葉なのかが判断できます。

「ここはちょっと嫌だけど、それは枝葉の部分だから気にしなくていいんだ」と思えれば、その時点で相手に「ちょっと寄り添っている」状態。そこから、もっと相手とわかり合おうという気持ちが出てきて、「この人にはこんないい部分があったんだ」と、だんだん気づけます。

そのプロセスは、恋愛で熱く燃え上がるのとは違います。お互いに相手のことを思い合っていける結婚をした夫婦は、まず離婚することはありません。結婚は、そんな「寄り添う」プロセスを踏んでたどり着くべきものです。

「美女と野獣」とロールケーキ

心の傷。

身長167㎝の美幸は、パッと目を引く、モデルと間違われるほどのスタイルの佐々木希《のぞみ》似の美人。同僚の看護師の中でも、病院一美人だと呼び声も高く、それでいて気立てもいいので病院の人気者。

彼女の勤務する職場は、病院の集中治療室。

以前まで病室担当だったが、美幸から配置換えを希望したものだった。患者さんからの人気もあって楽しく仕事をしていた美幸が、二十四時間体制で一番過酷だといわれる部署に移ったのには理由があった。

それは七年前のこと。

美幸には、学生時代から結婚を約束して六年も付き合っていた彼がいた。二十六歳の誕生日に神戸のハーバーランドの観覧車でプロポーズされて、そして二十七歳のクリスマスに結婚する約束だった。

しかし、彼はプロポーズの二カ月後に、

「ごめん。好きな人ができたから別れてくれないか」

後々、知ったことだが、彼はずっと二股をしていたのだ。私と結婚する予定だったけれど、私へのプロポーズの直後に、相手に子どもができていることを知ったらしい。それが相手の両親にもバレてしまい、どうすることもできなくなって、私と別れて、もう一人の彼女との結婚を選んだと、友人を介して後から聞いた。

もう恋愛を一切考えたくなかったので、自分の全てを仕事に打ち込むことにした。

そうでもしなければ、精神状態がおかしくなりそうだった。

だから、一番過酷で辛い部署へ、配置換えを希望した。


適齢期。

美幸は、失恋からなかなか立ち直れなかった。

しばらくして、合コンに行っても、友達の紹介を受けても、恋愛に対して気持ちが上を向くことはなかった。


三十歳の時、このままだと一生引きずりそうだと感じた。

誰かを好きになれば忘れられるかも知れないと思い、友達から勧められた人と試しに付き合ってみたものの。

やっぱり無理だった。

無理矢理、人を好きになれるはずなんてなかった。

「私だって、もう一度人を好きになって、結婚して家庭を築きたい。でも、忘れることができないから……」

美幸は心の中で葛藤していた。

そうこうしているうちに、三十三歳のクリスマスイブを迎えた。

この七年間、カップルが喜びそうな記念日にはわざと仕事を入れるようにした。

もちろん、この年のクリスマスも夜勤の仕事。

もう一人ぼっちには慣れてるはずだったのに、休憩中にテレビでクリスマス特番のドラマを見ていると涙が出てきた。

七年前、十年分の涙を流したぐらいに一週間、ほぼ毎日泣いて過ごした。

それでも涙は枯れない。

いつになったら悲しみが晴れるのだろうと思うと、余計に悲しくなった。

クリスマスイブの夜に。

ふと気が付くと、隣には同僚の千恵が来て声をかけてくれた。
同じ病院で働く千恵は、美幸の一つ年下だが、後輩というよりも友達みたいな関係で、お互いのことは何でも知っていた。

「美幸、ちょっといいかな?」

涙を拭《ぬぐ》いながら振り向いた。
「明日さぁ、お見合いパーティーに行くんだけど、一緒に行かない?」

「……お見合いパーティー?」
キョトンとして尋ねると、
「あれだよ。結婚したい人達が出会いを求めて集まるパーティー。参加費も結構するから、見るからに軽そうな人とか来なさそうだし、気分転換にもなるんじゃないかな」

「気分転換か……」

「ということで、私が申し込んでおくから。明日の十三時にホテル集合ってことで！」

そう言うと、千恵はさっさと休憩室から出ていった。

私のことを好きな人。

お見合いパーティー当日。

クリスマスということもあって、ホテルは色とりどりの飾り付けで、見ているだけでロマンチックな気持ちになる。

（なんかワクワクしてきた、こうして見ると、クリスマスも悪いもんじゃないかな。こんな気持ちは何年ぶりだろう）

パーティーは、思っていた以上に、真面目でマトモな人が多かった。

モテない人が来る場所と思っていたが、見るからにモテなさそうな人はいなかった。

参加者よりも、パーティースタッフの対応の良さと気遣いに驚いた。聞けば、結婚相談所が主催しているお見合いパーティーで、皆そこのスタッフだという。

結局、「また会いたい」と思うような人はいなかったが、気分転換にはなった。

次の日、主催の結婚相談所から電話がかかってきた。

「昨日のパーティーで、美幸さんのことを気に入った男性がいたのですが、印象いかがでしたか？」

どうやら、自分は書かなかったが、マッチングカードに美幸の番号を書いてくれた人が、五人もいたらしい。

（いったいどんな人が書いてくれたんだろう）

ちょっと気になるし、見てみたい。

次の仕事休みに、結婚相談所へ行くことにした。


幸せの本気度。


水曜日の午後、初めて結婚相談所へ。

「こんにちは、美幸さん！どうぞこちらへ！」

パーティーで見かけた、スタッフの三輪さんが感じよく挨拶してくれた。

早速、美幸を気に入ってくれた男性たちのことを詳しく聞いたが、二名ほどちょっと素敵だなと思う人がいた。でも、「会ってみたい」と思うほどではなかった。

せっかくだからと、結婚相談所の話を聞いたり、結婚について色々と話しているうちに、ふいに三輪さんが尋ねてきた。

「美幸さんって、真剣に結婚を考えてますか？」

その瞬間、涙があふれ出した。

三輪さんは何も言わず、じっと美幸を見守っていた。

「……ご、ごめんなさい」

涙混じりの小声で謝った。

さらに、しばらくして三輪さんがゆっくりとした口調で尋ねた。

「美幸さんは、本気で幸せになりたいですか？」

泣きながら、その言葉にハッとした。

（私は幸せになりたい！過去を忘れて幸せになりたい！）

「……は、はい。……幸せに……幸せになりたいです」

「じゃあ今から、どうすれば幸せになれるかを一緒に見つけませんか？」

三輪さんはゆっくりとした口調で尋ねた。

「……はい」

美幸は大きく頷《うなず》いた。

「私からは、ああしろ、こうしろ、とは言いません。美幸さんが自分で壁にぶつかったときに私に訊いてください。それが幸せな結婚への一番の近道です」

こうして結婚相談所での婚活が始まった。

そんな人はいません。

しかし、誰とお見合いしても、デートしても七年前の記憶は拭えなかった。

それどころか、過去の彼氏以上の人と出会うことがなかった。

（どうすれば過去を忘れられて、変えられるのか？）

お見合いやデートの度にそう考えていた。

なかなか結果の出ない婚活に痺《しび》れを切らし、担当である三輪さんに相談した。

「過去の恋愛がどうしても出てきてしまって、それを忘れるくらいの人がなかなか見つからないんです」

半ば、なかなか出会わせてくれない結婚相談所に対しての愚痴でもあった。

三輪は真剣な顔で、驚くことを口にした。

「美幸さん、過去を変えてくれるほどの人なんていませんよ」

「だったら私、ここで結婚できないじゃないですか！」

怒りがこみあげた。

「美幸さん、よく聞いてください。あなたの過去は変わりません。自分でも他人でも変えることはできません。変えられるのは自分と未来だけです」

「えっ⁉」

戸惑う美幸に続けて三輪は、

「まず過去を自分で受け容れて、それも含めて自分をしっかりと見つめてください。過去と比べるのではなく、未来の自分の理想と比べてください」

「未来の理想と比べる……か」

ずっと過去に捉われていた。

(三輪さんが言ってくれたように、私が望む幸せは、私にしか描けないんだ!)

三輪さんの助けもあって、あらためて結婚観と将来の理想像を明確にできた。

驚いたことに自分の理想の相手が、自分の父親と似ていることに気づいた。


わたしの理想像。

美幸の父親は役所に勤める公務員。毎日決まった時間に帰り、土日は家にいる。

真面目で口数も少なく、娘の美幸から見ても面白味のない父親だった。

しかし、町内会長を引き受けるなど、面倒見の良さと優しさには文句のつけようがないほど、まわりから信頼されている父親だった。子どものころは仲が良かったのだが、気がつけば今では口もほとんど聞かなくなっていた。

そんなことがあってからか、面白みのない父親とは正反対の、明るくて刺激的な相手と付き合うようにしてきた。

(本当に自分が望んでいる理想像が父親に近かったなんて)

(でも、確かにそんな人となら、一緒に歩んでいけそうな気がする)

「そう考えると、逆に、七年前に結婚しなくてよかったかも知れない」

少しずつそう思えるようになって、結婚に対しての考え方が変わりだした。

それからの美幸の婚活は一転。

見た目や条件だけでなく、父親と似た中身の人を探すことに重視した。

五人目のお見合い相手が、まさに理想に近いと思えるような人だった。

直人さんという、三十九歳の郵便局に勤めている優しい男性で、「ずんぐりむっくり」、こんな言葉がピッタリ合う、動物にたとえるなら熊のような男性。
見た目はさほどタイプではなかったが、中身は理想に近い人だった。

お見合い後の初めてのデート。

直人さんは緊張して、ハンカチで額の汗を拭ってばかり。がんばって話してくれるけれど、面白味がなく、どうにも会話が弾まない。
昼過ぎに待ち合わせをして、夕食も一緒に食べるつもりだったが、重々しい空気に耐えられなくなって、途中で帰ってきてしまった。

(やっぱり勘違いかな。今回も無理だったか)
心の中でそう思っていた。

（最後にもう一度会って、それでも無理だったら断ろう）

そう心に決めて、最後にもう一度だけデートすることにした。


感情で変わるもの。


三度目のデートは、美幸の仕事の関係で平日の夜になった。

梅田のビックマン前は、会社帰りの人でごった返していた。

待ち合わせ時刻の七時を過ぎても直人さんが現れない。前のデートのとき、仕事は無遅刻無欠勤で、常に十分前行動を心がけていると、話していた直人さん。

十分が過ぎて、ちょっと心配になってきた。

ただの残業だと思うのだけど、何もなければいいけど……。

十五分が過ぎようとして、心配で電話をかけようとした、そのとき。

背後から声がした。

「ご、ごめんなさ〜い！ 美幸さ〜ん！」

振り向くと、直人が大汗をかきながら、走ってこっちに向かって来た。

よく見ると手に黄色い紙袋を持っていた。

「あっ！ その紙袋は！」

一瞬にして美幸の瞳が輝いた。

●

実は、一目惚れだった直人は、会ったその日から、彼女のことが頭から離れなかった。

上手に話せなかった自分にも腹が立ったが、挽回のチャンスも次が最後だろう。

「どうやったら、彼女を喜ばせられるかな……？」

女性と付き合った経験も少なく、不器用な直人は、明けても暮れてもそのことばかり考えていた。

この前のデートで、美幸さんが口にした言葉を思い出しながら、好きなものを必死で探ろうとした。

ふと、スイーツ好きの美幸さんが、どうしても食べてみたいロールケーキの話をしていたことを思いだした。

早速ネットで調べると、女性に大人気でテレビにも取り上げられ、一時間以上並ばなければ買えないものだとわかった。直人は人目が気になるし、人混みも大の苦手だ。

その日は仕事を早く切り上げ店に行くと、並んでいるのは女性ばかり。しかも想像以上の行列。大汗をかきながら、場違いと白い目で見られながら並ぶこと一時間半。

「美幸さん、喜んでくれるかな？」

そう思うと、人の目など気にもならなくなった。

ようやく手に入れたときには、約束の三分前。そこから走る。

好きな人の喜ぶ顔を見るために走った。

時間は過ぎている。「頼む、待っててくれ！」祈るような気持ちで全力で走った。

●

「ありがとう！　覚えててくれたんだ？」

直人さんは息が切れて、返事もできず頷くのが精一杯だった。

ロールケーキを持ってきてくれた直人さんを見ていると、美幸の心に変化があった。

そう、一生懸命に大汗をかきながら走ってくる直人を見て胸がトキめいた。

愛おしいと思えるようになったのだ。


運命の人。

その日のデートは楽しくて、あっという間に時間が過ぎた。

人は感情で変わるというのを実感した。

前のデートは時間が経つのが遅く感じられたが、今日のデートではもっと話したい、と思うまでになった。


話が途切れても、一緒にいると心安らぐ感覚。

今まで味わったことのないような心地よさを感じた。

（こんな人とだったら、ずっと一緒にいられるかも知れない）

初めて将来の幸せを感じられる人と出会えたのだった。

それからはトントン拍子に進んだ。

デートを重ねていき、お互いの気持ちを確かめ合っていった。

プロポーズは、神戸のビーナスブリッジ。

右手に大きな赤いバラの花束を抱えて、左手には指輪を握り締め、昔あったベタベタなトレンディードラマのようなシチュエーション。

周りの若いカップルに見られて、ちょっと恥ずかしかったけれど、直人さんの純粋で真っすぐな気持ちに涙が出てきた。

プロポーズが嬉しかったのはもちろん、やっと運命の人に出会えた安堵感もあった。

婚約してからは、お互いの両親に挨拶に行き、親しい友人たちにも紹介した。

もちろん、キッカケをくれた千恵も大喜びしてくれた。

ただ、みんなから揃って言われるのが「美女と野獣」。

自分たちで見てもそう思えるほど、笑えるようなギャップのあるカップル。

結婚式も終わって、今では幸せな新婚生活を過ごしているのだが、写真立てに入れられた二人の結婚式の写真を見ると、ついつい笑ってしまう。

今は本当に幸せだ。

夫である直人さんには「感謝」。それしかない。
これまでの私を見守ってくれた家族、友人、そして昔の恋人にも今では感謝できる。

過去も全て今の私を作ってくれた財産。
やっと、心からそう思えた。

第4章

理想の彼との距離を縮めるために

「笑い」で一気に距離を縮める

当たり障りのない会話だけで、笑えるような話が一切なければ、いくら条件が良い人でも、「面白味がないから嫌だ」と、また会いたい気にはなれません。

それは、男性にとっても同じ。コミュニケーションを円滑にするには、「笑い」が必要ですし「笑い」がないと、相手との距離もなかなか縮まりません。

「笑い」は、コミュニケーションの潤滑油。友人と、楽しいことをして過ごすとしても、もし**「笑うことも、相手を笑わせることも一切禁止」という条件がついたら、一時間どころか、十分過ごすのも辛くなる**でしょう。

また、**口角を上げて話を聴くと、話を前向きに捉えやすくプラス思考になる**といいます。だからこそ、お互いが笑った瞬間、ふっと距離が縮まるのです。初対面の相手とは、距離が縮まるまでにどうしても時間がかかるもの。笑いの力をうまく利用して、なるべく早い段階で距離を縮めることで、話も盛り上がるでしょう。

ここでいう「笑い」とは、面白い人と思わせるためのものではなく、あくまでも相手との距離を縮めるためのもの。爆笑させるようなギャグを言う、ということではありません。必要なのは、緊張がほぐれたり、自然に微笑みが浮かぶような楽しさ。「お笑い」ではなく「笑い」ですのでご注意を。

自己紹介するとき、「宮本尚美です」と名乗って、普通に字を説明するだけでは、場の雰囲気はほぐれません。そこで「ミヤモトナオミです。ミヤはお宮の宮に、モトはブックの本で、ナオは和尚《おしょう》さんの尚で、ミは美人の美です」というように、思わず「クスッ」とさせるようなニュアンスをつけてみる。

自己紹介や仕事や趣味の会話の中で、ちょっとした笑いが起こる表現を持っておくといいです。さきほどの例にあげた「美人の美」も、見るからに化粧も適当で暗い雰囲気で言うとシャレになりません。にこにこ明るくしている人がいうから笑いを誘うのです。

なんでモテるの？「リアクション女王」

見た目は少々ぽっちゃり体型だったりして、かわいらしいけど美人ではない。それなのにモテる女性、あなたの周りにいませんか？

誰かが何か話しているときには、「ワーッ」と手をたたいて盛り上げたりして、いつも楽しそうにしている。ようはリアクション上手な女性。

リアクションのポイントは、**「うなずいて聴く」「オーバーに反応する」「心をこめて反応する」の3つ**。

男女ともに相手が「話を聴いてくれない」という不満をよく聞きます。でも、たいていの場合、相手はちゃんと聴いているんです。ただ、黙って聴いているだけなのです。これをウンウンと「うなずいて聴く」だけで、話している相手に、ちゃんと聴いてくれている印象を与えられます。「聴いていますよ」ということが、ちゃんと相手に伝わるように、うなずきは、多少オーバーなぐらいがいいでしょう。

うなずくと同時に、「そうだね、わかるよ」と、心から聴いているようにいったん相手を受け入れてあげることも大切。

あいづちの名人であるお笑いの小堺一機さん。彼は、昼のトーク番組の司会を長くつとめていますが、最初の番組で盛り上げようと必死になるあまり、ゲストそっちのけで自分がしゃべった結果、いまいち盛り上がらずに打ち切りに。次の番組が始まる前に、師匠の萩本欽一さんに相談すると、「人の話は宝。せっかくの話を真剣に聴かないのはもったいない」、と言われたそうです。それから自分の話す量は極端に減らし、ゲストの話を聴くことに専念すると、トークも盛り上がり、視聴率も上がっていって、その結果二十年以上の長寿番組になったそうです。

話を聴くのが苦手なのは男性のほうが多いので、これはどちらかというと男性によくするアドバイスなのですが、男女問わず、**婚活の場では「聴き上手」な人のほうが絶対にモテます。**

目は口ほどにモノを言わない

「目は口ほどにモノを言う」といわれてますが、「情のこもった目つきは、口で話すのと同じくらい気持ちを表現する」という意味だと、辞書には書いてあります。

果たして、本当にそうなのでしょうか？

あなたが毎日、三年間通い続けているラーメン屋さんで、毎回、味噌ラーメンを注文していたとします。お店の大将は、あなたの目を見ただけで「今日も味噌ラーメンだな」とわかるほど、あなたと大将の間には「以心伝心」が成り立っている関係。

でも、ある日、あなたが大将の目をじっと見ながら、心の中で味噌ラーメンをイメージしながら、「今日は塩ラーメンで」と注文すると、出てくるのはもちろん塩ラーメンであって、味噌ラーメンではありません。**目で訴える思いよりも、口に出す言葉のほうが、ずっと伝わる力は強い**のです。

それについて検証した興味深いデータがあります。「愛している」「楽しい」「怒っている」「悲しい」という、それぞれの感情を、言葉を一切使わずに目だけで表現してもらうという実験。それらの感情が実際にどれだけ相手に伝わったかを調べたものです。

その結果、最も伝わったのは「怒っている」という感情だったのに対して、圧倒的に伝わらなかったのが「愛している」という感情。「怒っている」の伝達率八〇％程度に対して、後者はなんと一％程度しか伝わらなかったのです。

人間にとって**一番伝えなければならない「愛」が、実は一番伝わりにくい**ものなのだということを、この結果は教えてくれています。

怒りの感情は、言葉にしなくても、目つきだけで伝わるのですから、むしろ言わないでいい。でも、愛情はあえて言葉にして伝える必要があるのです。

「愛」に限っては、「目は口ほどにモノを言わない」それが正解。「私の気持ちは、言わなくても伝わっているはず」と思っていても、実際には伝わっていないことのほうが多く、その勘違いのせいで様々なズレが生じます。

「目ヂカラ」を過信することなく、思いを言葉にして伝える行動をしてください。

column

ファッション誌の選び方

女性に人気のスタイルと、男性に人気のスタイルは微妙に違います。ですから、女性ファッション誌だけを参考にして選ぶと、ほとんど自分の好みで、同性には受けがよくても、異性からは受けがいまひとつ。とはいえ、異性に受けがいいファッションとは、どんなものを選べばいいのか、悩んでしまう。

その解決法は、ズバリ。「男性ファッション誌を見る」こと。

男性モデルの横に、その恋人といった釣り合いのとれた女性モデル。男性読者向けにつくられたページに出てくる女性こそ、「こんな女性が隣にいてほしい」という男性の理想に近い存在。つまり、男性好みのファッションが、ストレートに反映されているのが、この女性のスタイル。オシャレな男性ファッション雑誌に出てくる女性のファッションは、上品でありながらも、男性が好む色気を感じさせるものです。

比較的女性に人気の、ふわっとしたチュニックやワンピースなどのナチュラル系ファッション、また花柄のものは、男性にあまり評判がよくないので、できれば、女性らしい体のラインがある程度出るような、シンプルなものが人気です。

また、男性と並んだときの釣り合いも大切。スーツ姿の男性と、カジュアルな姿の男性では、横に並んで釣り合う女性のファッションも変わってきます。そこを意識せず、「これが私に一番似合う、自然なスタイル」と、自分の好みだけで服を選んでしまう人。でも、男性が仕事帰りでパリッとしたスーツ姿なのに、女性が妙にくだけた格好だったり、あるいはその逆だと、お互い違和感が生じて、打ち解けにくくなってしまいます。

自分だけでなく、相手の格好もしっかりとチェックすることも大切です。

相手が喜ぶ効果的な褒め方

小学生のころ、友だちに「○○さんって可愛いよな」と言った途端、「お前、○○さんのこと好きなんやな～」と、まるで事件でも起きたような騒ぎにされ、なぜか黒板に名前を大きく書かれる、日本の小学校では、異性を褒めると、いじめられるという不思議な文化がありました。

「褒める」ことが大切とわかっていても、世界一褒めるのが下手と言われている日本人には大変なこと。そこで、相手に好感を持ってもらえる効果的なほめ方をお教えします。そのポイントは、**①すぐに、②具体的に、③感情を入れる**、の3つです。

会った瞬間に、目がきれいと思ったら「いいメガネですね」と、すぐに褒める。これだけではまだ弱い。「赤のフレームがきれいでオシャレですね」と具体的に。続けて「私、メガネ好きなんです」と感情まで入れて完成。「すぐに」「具体的に」までだと、場合によっては鼻につくこともあるので、「感情を入れる」ことが重要。できるだけプラスの前向きな感情を入れてください。

男性は仕事で評価されることはあっても、人柄や外見やセンスをほめられる機会は、女性よりずっと少ない。だからこそ効果的なのです。

外見が素敵だということを、ただ客観的な視点で抽象的に伝えるだけでは、相手にとっては「そうですか」で終わってしまいます。そこで「そういうの好きです」など、自分の感情を入れてこそ、相手の心を動かせるのです。

あなたが「褒めたいと感じる人＝結婚したい相手」かも知れません。

褒めることは、事前の準備も勉強も、何も必要ありません。会った瞬間にすぐできて、お互いに楽しくなれる効果的なもの。

「沈黙が怖い」「会話が苦手」「話すことが思いつかない」という人は、とにかく相手を褒めてみましょう。**「褒める」というのは、誰とでも楽しくなごやかになれるコミュニケーションツール**です。

沈黙のマイナス効果

「愛の反対は無関心」というマザー・テレサの言葉。人間にとって一番辛いのは、自分にまったく関心を向けられず、存在を無視されるということを表しています。

いじめでも、一番辛いのは「無視」。重い罪を犯した囚人が独居房に入れられるのは、孤独にされること自体が、厳罰として意味を持つから。それを考えれば、婚活の場で、一番つらいのは笑顔も愛想も何もない「沈黙」です。

十秒や二十秒の「間」があく程度ならかまわないのですが、それ以上の沈黙は、お互いに非常に辛い時間。「沈黙も楽しむべき」と、言われますが、それはお互いをある程度わかり合ったうえで「間」を楽しむという意味。付き合いの浅いときの沈黙は、楽しむようなものではありません。

逆にいえば、沈黙が少なければ、「盛り上がった」「フィーリングが合いそう」と感じられる、ということです。仏頂面《ぶっちょうづら》で黙っているよりも、何でもいいので、しゃべったほうがお互いのため。つまらない内容でも、沈黙よりはまだましです。

もちろん、相手と親密になって、お互いに黙っていても違和感のない状態なら問題ありません。何か話そうと懸命になりながらも、目が合うと思わず微笑んでしまうように、相手に関心があって、お互いにそれをわかっている場合の沈黙はOKです。

最大のNGは「無関心」（＝ただの沈黙）です。

短所はさらっとバラしちゃいましょう

自分の長所をアピールするのは当然ですが、逆に、短所をよく見せようと嘘をついたり、隠したりするのはよくありません。料理をまったくしないのに「料理が大好き」と言ってみたり、家にいるが好きなのに、暗い印象だからと、「アウトドア派」と言ってみたり。実際に、料理上手な女性や、アウトドア派の女性を求める男性からアプローチされたら、どうなるでしょうか？

「料理が苦手なので、料理学校に通おうと思っています」「アウトドアも嫌いじゃないですが、どちらかというとインドア派」というふうに言っておけば、料理やアウトドアを求める男性は、アプローチして来ません。ありのままのあなたに魅力を感じた人だけが寄ってきます。「無駄打ち」をしなくてもいいように、短所も、率直に伝えたほうが、後々を考えるといいでしょう。

たくさんの人にアピールして、選択肢を広げたい気持ちはわかります。しかし、**価値観がまったく合わない相手と会っても、最終的には「ほかの人に時間を使えばよかった」と思う**ことになります。「自分軸」で、長所だけでなく、自分の短所もきちんと認識して、さらっと話せるようにしておきましょう。

身長・体重は「9」の法則利用で効果大

身長や体重は、性格的な相性の良し悪しとは直接関係のない部分です。むしろそこだけで判断されてしまうのはもったいないので、多少の融通は利かせても大丈夫です。

身長160センチと159センチでは、1センチの差なのに、印象がだいぶ違います。

160センチの女性でも、小柄な印象を与えたければ、自分は「159センチ」だと思い込んで、身長を聞かれたら「150センチ台の後半です」と答えるのもありです。

身長が高いことにコンプレックスを感じて、少しでも低く見せようと、背筋を丸めてしまう人が多いのですが、むしろ背筋を伸ばすようにアドバイスしています。相手から「ほんと高く見えるね」と言われたとき、「普段から背筋を伸ばしているので、そう見えるのかも知れませんね」と、言えるからです。

体重も同じで、数字の末尾を9にする、「スーパーのチラシの法則」を使いましょう。チラシに書かれている値段は、だいたい末尾が9になっています。1000円よりも999円のほうが、ぐっと安く感じられる心理を利用しているのです。この9のマジックを使って、「体重60キロの人は59キロ」、ということで印象はまったく変わります。60キロの人が59キロという意識を持っていれば、10の位のケタが変わるので、50キロ台です、という表現のしかたも可能になります。

「そこまでするの？」と思う人もいるかも知れません。でも、**「結婚ができる可能性が1%でも上がる」**のであれば、ちょっとしたことも大いに使ってください。

column

黒い服は部屋着にしましょう

初対面で着る服として、黒、紺、茶などの暗い色のものはNG。ダークな色ではなく、明るめの色の服。特に、淡い色は癒しやかわいらしさを表すので好印象を与えます。女性はデコルテまわりに、顔映りのいい明るい色を持ってくるように。特に色白の女性は、黒っぽい服を着ているだけで、顔色が悪く元気がないように見られがちです。

黒の服に魅力がないという意味ではなく、初対面で好印象を与えるには明るい色のほうがいいということ。婚活中は、手持ちの暗い色の服は全て「部屋着」にするぐらいの気持ちでいてください。

パーソナルカラー（似合う色）は人それぞれなので、「この色ならOK」と一概にはいえませんが、ピンク、オレンジ、グリーン、ブルー、パープルなど淡い色は好印象。ふんわり優しい雰囲気で「癒し系」という印象を与えやすい色。

かわいらしいフリルの服は、女性が思うほどには男性受けしません。柄ものも基本的には外したほうが無難。とくに細かい花柄は男性受けがよくありません。

自分が着たい服を我慢するなんて、と思うかも知れませんが、初対面に不向きな服は、相手と親しくなってからのデートまでとっておいてください。

「初対面専用の勝負服」を一着用意しておけば便利です。初対面はこれで行く、と決めておけば、何を着ていこうかと悩む必要はなくなります。あくまでも自分を一番よく見せることですから、流行を意識し過ぎる必要はありません。

いつでも自信を持って初対面に臨めるように、あなたが最高に輝く「勝負服」を用意しておきましょう。

色	服から感じる印象	色	服から感じる印象
ピンク	かわいらしい、女らしい、やわらかい	黄緑	新鮮、明るい、若々しい
赤	積極的、派手、強い	青	知的、誠実、おとなしい
オレンジ	明るい、元気、カジュアル	紫	色っぽい、おとなっぽい、高貴
黄	幼い、目立ちたがり屋、前向き	白	清潔感、スッキリ
緑	控えめ、安心落ち着いた	黒	おとなっぽい、クール、地味

趣味は「個性が伝わる」もの

初対面の場では、「趣味は何ですか？」と質問が出るものです。それを単なる情報のやりとりで終わらせず、強く印象づけたり、場を盛り上げる手段として使いたいところ。「趣味」は、自分の個性を相手にわかってもらえるもの、自分の魅力をアピールできるものを用意しておきましょう。

趣味は何か？と質問されて「料理」とだけ答えても、そこから「人となり」は見えてきません。そこで、「クッキーを焼いて、近所の子どもに配った」ことがあるとします。年一〜二回しかないとしても、「料理好き」だけでなく、「世話好き」「子ども好き」「人と交流したり、人のために何かすることが好き」な面まで、いっぺんに伝わります。こういった**自分のよさを引き立てるものを、趣味として話す**のがポイントです。

女性なら誰もが好きなショッピングは、言わないほうがいいです。お金がかかりそうで、浪費家という印象を与えるのでできれば避けてください。

趣味を伝えるうえでの、もうひとつのポイントは「話が広がって、会話が盛り上がるもの」です。

自分の中では、それほど優先順位が高くなくても、なるべく話が広がりやすそうなものを、話すようにしてください。**「旅行」「映画」「読書」の三つは、その人自身の価値観が表れやすい**ものなので、お互いの感覚や価値観が合うかどうかの判断材料にもなります。

「旅行」は、頻度に差はあっても、たいていの人が行くものです。どんなふうに旅行先の場所を決定したのか、旅先でのエピソードなど、話が広がりやすく、また、「旅行」といっても、温泉、海外リゾート、近場、激安ツアー、世界遺産巡り、神社仏閣巡り、自然を満喫……など、その人なりのこだわりもわかってきます。

映画や本も、どんなジャンルが好きで、なぜそれが好きなのか、またどんなシーンで感動したとかなど聞いてみるのもいいでしょう。

趣味が変わっても、価値観はそう変わるものではありません。結婚後にお金がかかる趣味もあるかも知れませんので、相手の趣味や凝《こ》っているものが何か、しっかり聞いておくことも大切です。

趣味と同じく、「休日は何をしていますか?」という質問されることもよくあります。「いや、とくに何も」「ゴロゴロしています」とは答えないように。休みの日は、たまにでも何かするようにしてください。趣味と一緒で、「何もしていません」では、会話は続きません。掃除や家事や里帰りでも、あまり盛り上がらないでしょう。

二カ月に一度でも映画を観るのなら、「どんなジャンルで」「ラブストーリーが好きで」「涙もろくて」といった具合に、会話の糸口になります。

「休日の過ごし方」も、自分のアピールにつながるような、そして会話が広がるような具体的なものを考えておきましょう。

結婚で大切なのは、お互いの価値観が合うかどうか。趣味や休日の過ごし方は、互いの価値観が見える部分ですから、相手も意識しているはず。このふたつの話題については、気を抜かないようにしてください。

メールで心をつかむにはコレ

デートのあとのお礼メール、どうしていますか？

「今日はありがとうございました」と、だけのメールを儀礼的に返していたりするだけ。味も素っ気《そけ》もない、**定型文のようなメールでは、相手の心には響きません。**

これも「褒める」こととまったく同じで、「すぐに」「具体的に」「感情を入れる」という三つがメールのポイント。

デート後すぐに送る。そして「楽しかった」のなら、どう楽しかったのかを具体的に、「また行きたい」など、自分の感情を入れて伝えることも忘れずに。「あのレストランのマスターが、いろいろおしゃべりしてくれて楽しかったですね。思わずいつもよりもたくさん食べて、おなかがいっぱいで幸せでした」というふうにすると、「楽しかった」という感情がよりリアルに伝わります。

また、**個性的すぎるメルアドはNG。**女性は凝ったアドレスにする人が多いのですが、たとえば「lovely-fairy-friend○○～」のような、あまりにも乙女チック過ぎるアドレスは、ゲンナリする男性がいるので、今のうちに変更してください。

無難なのは「名前＋生年月日」です。アドレスに誕生日を入れるのは「押しつけがましいような気がする」と感じる女性もいるようですが、男性からは「むしろ助かる」という声をよく聞きます。アドレスに入っていれば、うっかり誕生日を忘れてスルーしてしまう、という失態を演じずに済むからです。

そして、絵文字はほどほどに。とくにハートの絵文字は、勘違いするので入れすぎに注意。そんなに気がなくても「彼女は絶対に僕のことを好きなはず。メールにハートが入ってたから」と誤解されがちなので、ハートは控えめにしておきましょう。

自分の親の悪口を言わない

自分の親のことを話すときは、日本人特有の謙遜の意味合いも含めて、あまり良く言わない人がいます。自分の人格は、育ててくれた親に大きく影響を受けていて、必然的に親と自分の性格が似てくるものです。

ということは、「親の欠点」が「自分の欠点」かも知れないということ。親を悪く言うと、「私もこんな悪いところがあります」と、相手にアピールしているのと同じ。逆に**両親のいいところは、自分のいいところ**でもあるので、アピールしてもいいでしょう。

女性の場合、一度嫌いになってしまった父親を、素直に好きと言えない人が多いです。「うちの父、仕事もいいかげんだし、休みの日はだらしない格好でゴロゴロしてて……」と。男性は、少なからずそういった面はあるでしょうから、女性にそんなことを言われると、男性はなんだか、自分のことを言われているようなバツの悪さを感じて、「結婚したら、自分もこんなふうに言われそう」と、ゾッとするかも知れません。

「自分の父親のいいところを備えた人と結婚したほうがいい」とお話ししました。多くの場合、父親の長所が「理想の相手像」のベース。父親の悪いところばかり見ていても、理想の相手がなかなか明確になりません。「相手軸」をはっきりさせるためにも、足りない部分に目を向けるのではなく、親のいいところに目を向けるようにしてください。

column 流行に惑わされない愛されメイクはコレ

結婚を意識させられる婚活メイクのポイントは、「優しい印象を与える」こと。

●眉メイク

①幅は５ミリ以下にしない。

②眉山には角をつけない。直線ではなく曲線を意識した眉にする。

③眉全体は濃くならないようにする。淡い仕上がりにする。

眉は、正面からだけでなく、横顔からも眉をチェックしながら描く。コームを使って、「描いたらぼかす」を繰り返す。

(a) 眉山は、鼻の中央と黒目の中央を結んだ線の延長線上に。眉骨の高いところに眉山があると、自然に見える。

（b）眉尻は、唇の中央と目尻を結んだ線の延長線上に。太くぼんやりしているとやぼったい印象。スーッと細くなっていくのが理想。
（c）眉頭は、小鼻の内側から上に延ばした直線上に。左右のバランスに注意して、濃く描きすぎない。極力淡くなるようにぼかす。

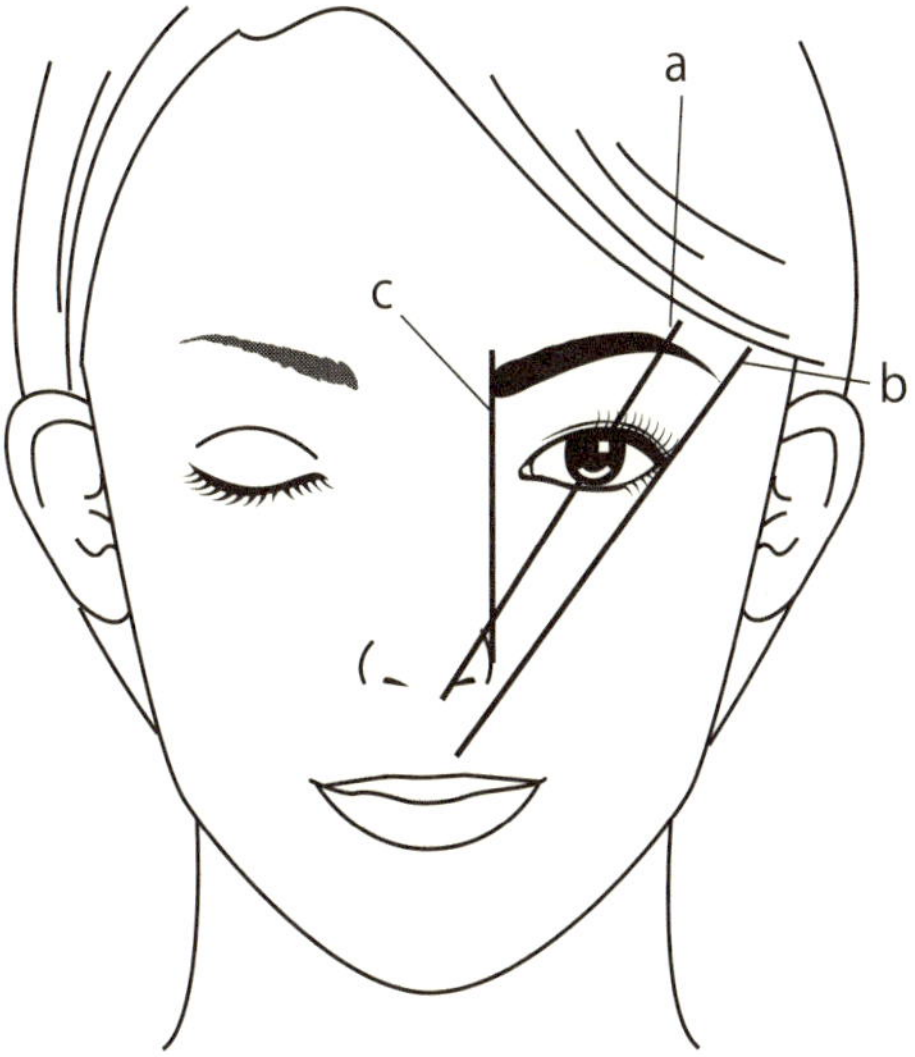

●アイメイク

女性らしい淡いピンクと自然なブラウンで、好感度アップのアイメイク。目尻にポイントをおいた、たれ目風アイメイクで優しいイメージ。

※アイライナー・マスカラは優しい印象を与えるブラウン。

A：ハイライト用ピンク又はホワイト　B：ピンク
C：濃いブラウン　D：ゴールドラメ

①A

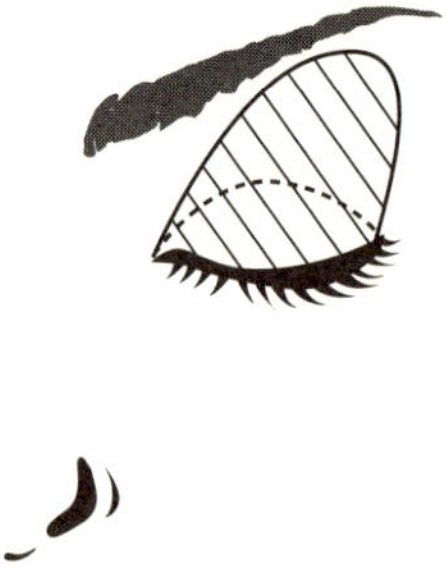

②B

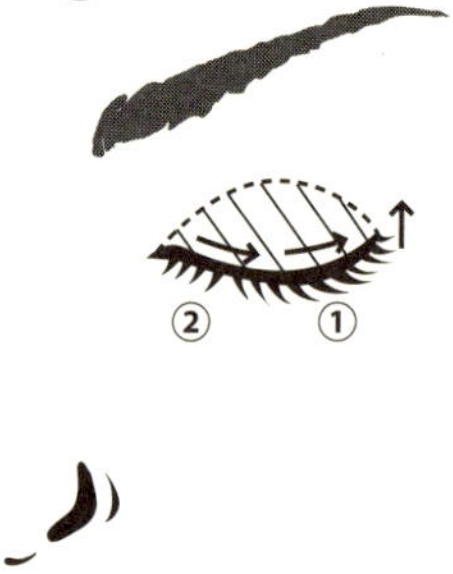

①Aのハイライトを、アイホール全体と眉《び》弓骨《きゅうこう》の下部分に入れる。

②Bのピンクのアイシャドウを黒目中央から目尻、目頭から中央へブラシを動かして、まつ毛の際《きわ》から上へブラシを動かす。グラデーションで自然な奥行きを出す。

③Cの濃いブラウンのアイシャドウをアイホールの幅３分の１くらいまで、まつ毛の際に入れる。

④上まぶたの黒目中央から目尻にアイラインを引きます。目尻は目を開けたときに上げずに下げる。

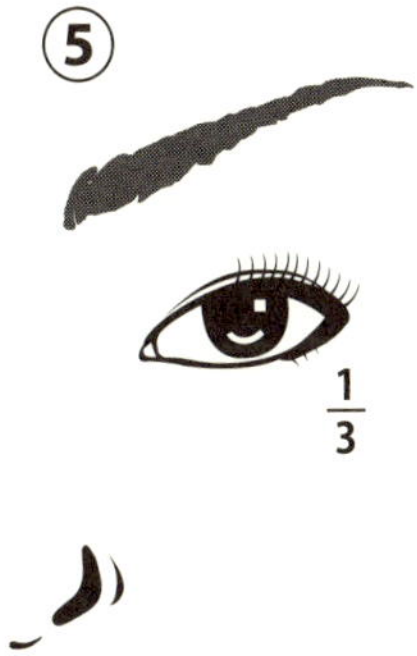

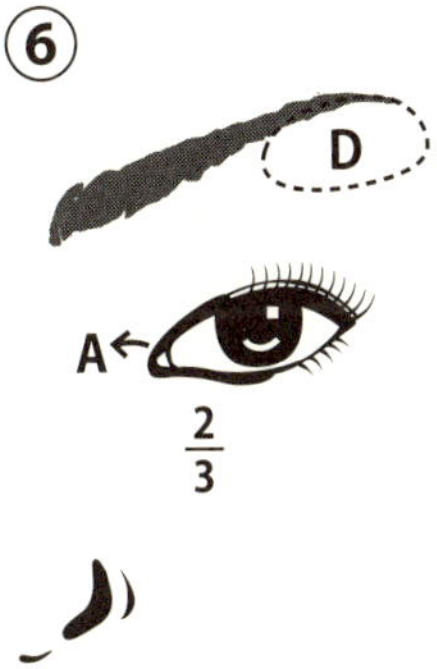

⑤下まぶたの目尻から３分の１くらいにアイラインを引く。目尻はやや太くなるように引き「たれ目」を作る。

⑥Aを目頭に「くの字」に細く入れる。（光の効果で瞳を綺麗に見せる）さらにDを眉《び》骨《こう》の下にも入れる。ビューラでカールをしてマスカラを塗る。目頭→中央→目尻
目尻は重ねてやや濃く塗る。

第 5 章

「一生幸せな結婚」をするための相手の見極め方

下手な鉄砲は数を撃っても当たりません

結婚相談所でよくいわれるのが、「とにかくお見合いは数をこなす」というもの。

百人でも二百人でも、ひたすらお見合いし続ければ結婚できるというのですが、「人と会う」ことは時間も気力も消耗します。見ず知らずの相手に会って、自分をアピールしつつ、相手のことも知ろうと努力する。自分の人生を大きく左右する相手を選ぶことですから、緊張もするし疲れるのは当たり前。

誰しも費やせるパワーは、無限にあるわけではありません。早く結婚したくて婚活しているのですから、時間も限られます。それを考えれば、**会う必要のない人には、できるだけ時間や気力を使わない**ことが結婚への近道。結婚がゴールではないのですから、その先に何十年も続く結婚生活を考えると、たまたま出会って結婚したけど離婚、では意味がありません。

自分は気が乗らなくても、周囲から「いい人だし、会ってみたら気に入るかも知れないから、とりあえず会ってみたら？」と勧められることもあると思います。でも、他人が何と言おうと、理想の相手像（＝相手軸）を明確にしたなら、そこから大きく外れる人とは、無駄に会わないことをおすすめします。

そのためにも、婚活をする前には、「軸」をしっかり固めておくこと。相手軸を明確にしてから会っていかないと、時間と気力の無駄づかいをして、婚活すること自体が疲れてきて、結果的に婚期を遅らせることになるのでご注意ください。

ナチュラルな自分でいられるのが一番

いくら相手に気に入られたくても、相手の理想に合うように、いつもと違った自分を「演じて」しまうと、いずれは続けられなくなって、ボロが出ます。

無理に一〇〇％以上の自分を出して、相手に気に入られたとしても、一生ずっとそれを維持し続けるのは困難です。

昨年、結婚された三十四歳の元女性会員さん。彼女は、知的で真面目で料理上手、でも極度のコミュニケーション下手で、更にメイクやファッションにも自信がなく、強いコンプレックスを抱いていました。

初めてのお見合いでは、超ミニスカートで現れ、私たちを仰天させました。聞けば、インターネットで男性はミニスカートが好きだという記事を鵜呑《うの》みにして、履いたこともないミニスカートを買ったとのこと。

自分の個性を無視してしまうほど、自分に自信がなかったのです。その後、彼女の個性を生かした、メイクやファッションアドバイスで少しずつ変わっていきましたが、それでも自信のなさは続いていたようでした。

彼女が求める結婚相手は「尊敬できる聡明な男性」。あるとき、理想通りの男性とお見合いをしたところ、「彼女のある行動」からすんなり交際が始まり、その後もトントン拍子に進みました。

ところが、婚約を目前に、彼から突然「結婚できない」と言われたのです。

「彼女のある行動」とは、彼が好むような女性をインターネットや本で調べて、彼が気に入る女性を演じ続けていたのです。いざ婚約という段になり、彼が女性の両親に会いに行った時に、両親が語る彼女と、彼が抱いている彼女の印象があまりにもかけ離れていたそうです。

「彼が好きな女性を演じてたのに、なんで嫌われるんですか？」彼女が間違っていたのは、そこでした。

「最初に話したことを思い出してください。**相手に合わせ過ぎて架空の自分を演じたり、つくりすぎてもうまくはいきません**」と、そう伝えながらも、婚約破棄されたわけですから、ショックは相当なもの。ずっと泣いていた彼女とメールや電話のやりとりをして、気持ちをほぐしていくと、何とか元気を取り戻してくれました。

「もう一回、婚活させてください。今度は自然体でいる努力をします」

そして、彼女は再びお見合いをしていき、理想と思える男性と出会います。今度は無理をせずに、自分が苦手なことは、苦手と伝え、その一方で得意な料理のことはしっかりアピールするよう、良くも悪くも素の自分で付き合いました。そして、ついに彼と結婚する運びになったのです。

二人そろって結婚の挨拶に来られたとき、彼に「彼女と結婚する決め手は何でしたか？」と聞いてみると、こんな答えが返ってきました。

「実はあるとき、彼女とデートしていて、彼女の苦手な部分など悪い面を見たんです。でも、僕はそれを全然許せると思いました。だから結婚を決めたんです」

その答えを聞いて、心からホッとしました。

自分の魅力を一〇〇％出すことは大切です。でも「**一〇〇％以上の自分は出さないで**」と、いつもお伝えしています。

がんばり過ぎないでください。無理しないでください。一〇〇％のままのあなたを好きになってくれる人が、あなたが幸せになれる理想の相手ですから。

生理的に嫌じゃなければ3回会ってから決める

1回目は緊張、2回目に慣れて、3回目で打ち解けられる。

結婚への縁がつながりそうな相手とは、生理的NGでない限り、3回は会うようにして見定めるべき。3回は間を空けずに会うこと。これが出会いを確実に結婚へとつなげていける成功パターンです。

一目惚れで、スグに結婚するような出会いは、宝くじが当たるのと同じぐらいの確率です。1回会って「何となく違うのかな」と、その後音信不通で自然消滅なんてならないように、3回目までは、相手を「切る」判断をしないように。

「1回目のデートで、一〇〇%自己表現できましたか?」と聞けば、ほとんどの人はノーと答えるはず。恋愛上手な人でさえそうでしょう。それは相手も同じ。1回目では、相手も一〇〇%出せていないことがほとんど。つまり、お互いに相手の実像がほとんど見えていない状態なのです。

だいたい3回目ぐらいで、相手に本音を出せたり、思っていることや感じたことを少しずつ言えるようになるので、3回目までは様子を見て、それから判断してください。今まで1回目で縁を閉ざしていた人が、3回目まで会うことによって縁を実らせた、というケースは数え切れないほどありました。

「婚活」は、結婚するための活動で、恋愛するための活動、「恋活」とは違います。

結婚の意志があるのかどうかわからない男性には、こちらからマメに連絡したり、会おうとすると、重いと思われるかも知れません。でも婚活の場合は、余計な駆け引きは考えずに、早めに動いて結論を出す。また、女性から連絡したり、デートに誘うのも、まったく躊躇する必要はありません。

性格はいいのに、なかなか結婚できなくて婚活している男性。とにかくマメじゃない人が多い。そんな男性に対して「メールをくれないんです」と、不満を言う女性に、「じゃあ、あなたは彼にメールしたの？」と聞くと、たいてい「していません」と答えます。

「相手がしてくれない。だから自分もしない」ではなく、**「自分が相手にしてほしいことは、まず自分から相手にしてみよう」**と考えてください。そこをかたくなに譲れない人には、「今のままだったら、あなたは誰と出会っても結婚は遠いですよ」とお伝えします。

幸せな未来を手に入れたいなら、まずは自分から変わってください。

手をつないでドキドキしましたか？

交際四カ月ほどの三十六歳の男性が、思い詰めた表情で相談にやってきました。

「もう彼女と手をつないでもいいですかね？」

彼は、仕事もきちんとこなす誠実な男性。年齢のわりに恋愛経験が少なく、彼女と何度もデートを重ねていたのですが、まだ手もつないでなかったのです。

デートの盛り上げ方や、自然な流れで手をつなげるような雰囲気づくりのアドバイスを受けて彼が臨んだ次のデートは、晴れて「手つなぎデート」となったそうです。

でも、そのデートの数日後、彼は結局振られました。

彼女は、それまでは彼に好感を持っていたことは確かですから、きっと手のつなぎ方がスマートではなかったとか、何か違和感を覚えるところがあったのでしょう。

会って話しているときは楽しいけれど、相手と肌が触れた瞬間に「イヤだな」と感じてしまう、ということは往々にしてあります。もし、手をつないだときに**「生理的にダメ」と感じてしまったとしたら、それ以上無理をしても仕方ありません**。手もつなぎたくない相手とは結婚は間違いなく無理ですから。手をつないだときに、ドキドキするような感覚と、ずっと一緒にいたいと思えるような安心感があるのかどうか。

何カ月も交際した挙句、やっと手をつないでみたら「何か違う」と感じてお別れ、となるのは時間がもったいないです。「生理的に無理」という感覚は、努力で変えようがないもの。その判断は、早めにするほうがいいので、手をつながなくても、さりげないボディタッチなどで軽いスキンシップをしてみてもよいでしょう。

ビビビ！ときても、三カ月付き合ってから

ビビビ！ときても結婚は、出会って三カ月以内に決めないように。
燃え上がるような「恋愛の寿命は三カ月」とも言われます。恋をしたときに分泌されるフェニルエチルアミン（ＰＥＡ）という「恋愛ホルモン」。好きな相手を追いかけているときはよく分泌されるのですが、恋愛が安定期に入ると減少します。

ＰＥＡの寿命は、約三カ月〜三年。一種の脳内麻薬のようなもので、ずっと続くと脳によくないので、自然に減少するよう調整されます。付き合い始めは、耳を傾けないでしょうが、誰しも時間が経てばわかることです。

また、恋愛すると、女性はやせやすくなると言いますが、これはＰＥＡの働きによってアドレナリンやノルアドレナリンが出て、「やせ体質」をつくるから。女性は、性欲中枢にごく近い場所に満腹中枢があるので、性欲中枢、つまり恋愛中枢が刺激されると、満腹中枢も同時に刺激され、満たされるというわけです。ちなみに男性の場合、この二つの中

枢は近くにないので、恋をすると女性のほうがやせやすいのです。

三カ月以内に、結婚の決断をしないほうがいいのは、まだＰＥＡが活発だから。冷静さを取り戻してきたタイミングで、判断したほうがいいでしょう。

ＰＥＡの分泌が減少するかは個人差がありますが、一般的には三カ月ぐらいから徐々に切れていきます。それ以前に判断してしまうのは危険です。三カ月で恋愛感情が燃え上がり、そこから徐々に慣れてきて、三年経ったころには、お互い新鮮味は失くなります。

冷静になれば、お互いの気になる部分も見えてきます。それもひっくるめて「この相手となら何十年でも一緒にやっていける」という、「幸せになる覚悟」を持って決められるかが大切です。

column

「鏡よ鏡よカガミさん……」

「モテる人がなぜモテるか？」答えは単純。「モテると思っているから」。気の持ちようが変わると、それが体にも少なからず作用します。言葉で説明しても難しいので、セミナーではこんなワークをしています。

二人ひと組で向かい合わせに立ち、互いの手のひらを上下に重ねます。そして、ひとりは手を思い切り下に押し下げ、もうひとりはそれを阻止するように上に向かって力を入れます。この段階では、両者の力は拮抗《きっこう》していて、手の位置は変わりません。

次に、足元に1万円札が落ちているのをイメージして、手を押し下げる人には、お金を拾うことを意識してもらって、再び同じように力を入れます。すると今度は、押し下げる力が圧倒的に強くなり、ほとんどの人が相手が対抗しきれなくなります。お金を拾おうとすると、強い力が出るのです。それは筋肉が意識に合わせて働いたということです。

顔にも表情筋という筋肉があります。魅力的な自分を強くイメージすれば、表情筋が言うことを聞いてくれます。たとえば、引き締まったフェイスラインをイメージすれば、わずかずつですが筋肉がその方向に作用していくのです。

美を保つために、ある女優さんは朝起きると、鏡に向かって「鏡よ鏡、世界一美しいのは誰？……それはあなた」と、毎朝話しかけるのを習慣にしているそうです。自分の顔を見て、ちゃんとかわいいと思ってあげる、意識の力が美人をつくり出します。

お母さんと会えばわかります

いい意味で男性はみんな、「マザコン」。

男性が求める女性像は、突きつめれば、生まれたときからずっと側にいて自分を守り愛情を注ぎ育ててくれた「お母さん」。相手の男性は、母親のどんなところが好きなのかをリサーチし、そこに自分が重なるかどうかを考えてみることは重要です。

昔の結婚のほとんどはお見合いで、双方の親が同席するのが普通でした。その場で相手の親がどんな人かを知ることができたので、とても合理的で意味があったんですね。

でも、今は結婚が具体化するまでは、相手の母親と顔を合わせる機会がないというのも普通ですし、若いころならまだしも、結婚適齢期となると、気軽に恋人を両親に紹介しにくいものです。男性も、マザコンという印象を持たれたくないので、母親の話は意識的に出さないようにしている面もあるでしょう。

結婚を意識し始めて、「本当にこの人でいいのかな」という迷っている女性には、**「彼の**

お母さんに会ってみてください」とアドバイスします。

「相手の親に会いに行ったら、即『結婚』だと思われませんか？」と心配する人がいますが、「ちょっと遊びに行って、どんな家か見てみたい」と、伝えたうえで行けば、そんなに気にすることはありません。

相手の母親と会ってみて、自分と似たようなところがあれば、結婚も前向きに考えられるようになるはず。彼の母親と、うまくやっていけそうかどうかは、結婚するうえではとても重要。長男であれば、ゆくゆくは母親と同居する可能性もあるでしょうから、直接会いに行かないまでも、母親がどんな人なのかを聞いておきましょう。

クサイものにフタをしないように

見た目がかっこよかったり、かなりの喜ばせ上手だったりすると、多少性格に難があったとしても、それすら魅力的に解釈してしまいがちです。

一時の感情だけで盛り上がって、相手の欠点に目を向けないまま結婚してしまうと、後々「こんな人だとは思わなかった」ということに。いったんそう思い始めると、次から次へと相手の嫌なところを見つかって辛抱できず、スピード離婚というのも、刺激的な恋愛からの結婚では多く見られます。

これまで数十年生きてきて、直らなかった性格は、これからも一生変わらないと思ったほうがいいでしょう。**他人と過去は変えられません**。でも、その**相手に対して自分がどれだけ変われるかが重要**なのです。

彼にはこんな嫌な面があった。それでもうまくやっていくには、「私がこう変化しなければいけない」。そう気づいても、「そこまでして関係を続けたくない」と思うとしたら、その相手とは考え直したほうがいいでしょう。

「話を聞いてくれない」「しゃべらない」「しゃべり過ぎる」「時間にルーズ」「他人の悪口ばかり言う」……。付き合っていれば、相手の「いやなところ」が何かしら目についてきます。相手のいやなところが気にならない、もしくは受け入れられれば、その人との結婚を前向きに考えてもいいでしょう。

相手のいやなところを我慢して結婚しても、その「我慢」は一生続きます。「自分のいやなところも、隠さずに出すように」とお伝えしましたが、それに加えて、「相手のいやなところも、極力目をそらさずに見る」ということも大切です。

相手の仮面を剥《は》ぎ取りましょう

「相手の本音がわからない」そんなときは、彼の友人に会うことを提案してみましょう。自分よりも付き合いの長い親しい友人の前では、彼の「素」が出ます。それは、結婚後の真実の顔と似ているものです。

友人の前で見せる姿が、結婚後にあなたの前で見せる姿と想像してください。そこを見ておくためにも、長い付き合いの友人に会うことをおすすめします。

これがきっかけで別れを決めたという女性もいます。デートのときは、いつも丁寧で穏やかな話し方だった彼が、友人に会ったときは、驚くほど乱暴で荒い言葉づかいで、「本性を見た」という気分になったそうです。

相手の親と会うことと同じように、友人と会うことも重要なポイント。

「あなたのことをよく知りたいから、友達を紹介して」と彼に頼んで、会う機会をつくってもらいましょう。会ってみたら友人が好感の持てる人ばかりだったとか、友人たちの間で彼の評判がいいことがわかったりすると、かなり安心。「類は友を呼ぶ」といいますが、彼の友人は、だいたい彼と似たような人が集まっているもの。彼がちょっとクセのある人だったら、やはり彼の親しい友人も、どこかクセのある人が多いのでは。

もう一点、確認しておいたほうがいいと思うのは、お酒を飲んで「酔った状態になったとき」です。お酒が好きな人は、毎日飲みます。酒癖が悪い人の場合、結婚したら毎日そんな状態を見せられるということ。丁寧に話してくれていた彼が、酔った途端に口が悪くなった。普段はおとなしいのに、お酒を飲むと豹変した、と結婚後にわかって悩んでいる。そうならないよう、結婚前に確認しておきましょう。

「男の取り扱い説明書」をよく読む

男性は、女性とは違う生き物だと認識したうえで、男性の取り扱いが理解できると、つまらないことでつまずくリスクを減らせます。

男女は脳の構造からして違っています。女性が脳全体で話すのに対し、男性は言語中枢のある左脳を使って会話します。女性が感情豊かにしゃべるのが得意な一方、**男性は必要なことだけ理論立てて話す傾向がある**のは、このためだと言われています。

世界の統計でも、女性は男性の2倍も話すと言われています。たとえば、3時間デートしたとして、女性が2時間も話して、「しゃべりすぎた」としても、割合からすると普通なので、気にすることはありません。

また、男性はプライドが高いので、女性から「上から目線」でアドバイスされることを嫌います。女性はよかれと思って一生懸命アドバイスしてあげたと思っているのに、男性は「そんなこと、言われたくない」と反発。

そして、男性には「押してはいけないスイッチ」があって、「これを言われたら爆発する」というスイッチを持っています。それは「大事にしているものをバカにされる」というものだったりします。押してしまったら、もう復旧不可能。

その「スイッチ」が何であるかは人それぞれですが、相手が生きるうえで大事にしているものは何なのか、プライドを持っている部分はどこなのかを、会話や日常のつきあいの中で見極めていく。その「スイッチ」が何かが分かれば、関係をコントロールしやすくなります。

「男性は強いもの、頼りがいがあるもの」という幻想を女性は抱きやすいのですが、むしろ**男性は女性よりもずっと繊細**。女性のほうが痛みにも強いし、寿命も長い。生物として強くできているのです。

もし、男女の体格や筋力が全て同じだったら、間違いなく世界は女性が、一方的に支配することになるでしょう。だから神様は、あえて弱い男性のほうに、たくましい体格や強い筋力を授けたともいえるのです。

男らしい人、自分を引っ張ってくれる男性が理想、という女性は多いのですが、引っ張ってくれるように見えるのは、ただの自分勝手という弱さの表れかも知れません。「ああしろ、こうしろ」

種別	男性脳	女性脳
目的	意見交換	感情交流
話し方	論理・理屈優先	気持ち・思いつき優先
話題	ひとつの話を掘り下げる	多くの話を一度に広げる
問題	アドバイスしたい	ただ聞いてほしい
表現	断言的表でも実は曖昧	曖昧な表現でも実は断定的
言葉	直球言葉・察っせられない	変化球言葉・察しろ会話
理想	何も言わないでも何でもわかりあえる関係	どんな小さな事でも何でも話せる関係
考え事	一人でゆっくり考えたい	二人で話し合いながら考えたい
願望	尊敬され賞賛されたい	大切にされ優しく守って欲しい
相手の評価	自分が相手にした行為への「賛辞」で愛を量る	相手が自分にどれだけしてくれたかの「量」で愛を量る

アレックス小倉「恋愛学講座」（小学館）より抜粋

と、指図する男性は、それが時とともにエスカレートしていきます。今、あなたを引っ張ってくれる男性は、五年後にはあなたを引きずり回す可能性があるかも知れません。

むしろ、多くの女性にとって必要なのは、**引っ張ってくれる人よりも、後ろから優しく見守ってくれる存在**ではありませんか。

自分らしく幸せに生きるために、男性とはどんな生き物なのかという「男性の取り扱い説明書」をしっかり頭に入れておいてください。

「未来のたとえ話」で結婚モードにスイッチオン

結婚間近の女性からよく出てくる不満といえば、「私は決めてるのに、なかなか彼がプロポーズしてくれない」。

でも、その前にちょっとお聞きします。**「あなたは彼と結婚したいという素振りを見せていますか？」**心の中だけで「結婚したい！」と思っていても、それを見せずにただ待っているだけでは、それに気づかない男性はプロポーズしてくれません。

プロポーズは「待つなら期待するな。まず攻めろ」です。といっても、女性のほうからプロポーズ、というわけではありません。あくまでも男性にしてもらったほうが嬉しいでしょうから、「攻める」とは、プロポーズを引き出すための雰囲気をつくるということ。「結婚したい」とストレートに伝えるのではなく、結婚したいという意志表示をして、まわりから攻めていく。そのために**有効な方法は「未来のたとえ話をすること」**。

「結婚の話が出ない」と悩んでいる場合には、結婚したいという気持ちが彼に何となく伝わるような質問を5つぐらいつくって、彼に聞いてみるのが効果的。

具体的には「結婚したらどんなところに住みたい？」「子どもは好き？」「子どもは何人欲しい？」というような質問です。そのままぶつけるのはちょっと露骨ですから、甥姪がいるならその話題を出して、そこからつなげて子どもの質問をするとか、仕事の話から「将来住みたい家や場所」の話題に誘導するなど、話の持って行き方を工夫してください。

そして、さらに**あなたとの結婚を、彼に具体的にイメージさせる**ようにします。一緒に住むなら部屋のカーテンはどんなものがいいか。夕食はどんなメニューが好きか。何時ごろに食べたいかなど、結婚に関連する直接的過ぎない話題を、ちょくちょく出すようにします。彼がその話題に乗り気でない様子なら、話を切り上げたほうがいいでしょう。

そうしていけば、鈍感な彼も少しずつ「俺と結婚したいんだな」と気づきます。男性は女性が思うよりも繊細で慎重なので、「もしプロポーズして断られたら」と思うと怖いんですね。「間違いないな、大丈夫だな」という確信が持てた段階で、ようやくプロポーズに踏み切れるのです。「あなたでＯＫですよ」ということを間接的に見せる。そのひとつの方法として、未来の話をするのが有効です。

ちなみに、今や女性からプロポーズが五〇％近くになるそうなので、もうそろそろ、女性からプロポーズするのも当たり前になるかも知れません。

彼がプロポーズしたくなる魔法の言葉

相手を「結婚モード」にさせる方法のひとつ、一緒にブライダルフェアに出かけてみること。それで、実際に一気に結婚が決まったカップルも数えきれません。そもそもブライダルフェアに行く時点でも、かなり結婚に前向きだとわかります。

ブライダルフェアは、非常に安い値段で、フルコースの料理が試食できるところもあります。デートの一環として、「おいしい料理も食べられるし」ぐらいのノリで行ってみることを提案してみてもいいかも知れません。

ブライダルフェアは、どんな人でも「結婚って素敵！」と、女性はもちろん男性もそう思えるように、プロのプランナーが演出しているイベント。その場に行くと、結婚を考えていなかったカップルも、「結婚したい」という気持ちになるようです。

そこまではちょっと、と思うのであれば、友人などの結婚式で幸せな気持ちになった、という話をするのも効果的。それなら話題にも出しやすいし、結婚したい気持ちを、自然な形で彼に意識させることができます。

彼の転勤が決まりそうになったとき、「どこでもついて行くよ」と、伝えたことで結婚が決まった三十一歳の元女性会員さん。彼は彼女のことを高嶺の花のような存在と感じていて、付き合い始めてからも、彼は「本当に自分でいいのかな」となかなか自信が持てず、五カ月経ってもプロポーズに踏み切れずにいました。

一方の彼女は、彼のことが好きで結婚したいのに、なかなかプロポーズしてくれないことを不安に感じていました。でも、結婚を焦らせると、彼にとっては負担になるかも知れないと思って、「結婚したい」と言葉には出さないようにしていたのです。

彼のアメリカへの転勤の話が出たのは、そんなころでした。そのとき、彼女はごく自然に「私はどこでもついて行くよ」という言葉が出たそうです。彼女の言葉を聞いて、彼はやっと安心できたんですね。「本当についてきてくれるの？」「ついて行くよ」「じゃあ、転勤が決まったら、一緒についてきてください」「はい」。実質的なプロポーズ。彼女が本音を出せたからこそ、彼にも伝わって、そして彼の背中を押したのでしょう。

男性にとって、プロポーズするのはすごく勇気がいること。相手の人生を背負っていくという覚悟も必要なので、経済的な事情など、クリアしなければならない問題を抱えている場合もあります。彼が軽々しくその言葉を口にしないというのは、それだけ真剣に考えてくれているという裏返しでもあるのです。

人生の大きな決断で悩んでいる男性の背中を押すために、一番効果を発揮するのは「あなたを信じているよ」と伝えること。「どんな状況になっても、信じているから、あなたについて行こうと思う」「何があってもあなたの味方」と言われたら、男性は「信用してくれているんだ。もう不安はない。プロポーズしよう」という気持ちになってきます。

彼のことを、この世の誰よりもあなたが認めてあげること。

「大丈夫。信じてる」。**その魔法の言葉**が、ふたりの関係を前へ進めてくれます。

「いい男って、なんで結婚してるんだろう？」

不倫の辛さ。

まだ少し肌寒い四月上旬の深夜○時。

閑静な住宅街の暗い道を近所の人に聞こえないように、できるだけヒールの音を立てないように家へと歩いていた。

家まであと少しの所で立ち止まり、大きなため息をついた。

「あ〜しんどい！」

智子は、泣きそうになっていた。

「なんで不倫って、こんなに辛いの？　好きな人と会って楽しいはずなのに、帰るときは寂しさと罪悪感でいっぱい。コソコソ会うのも疲れた！」

合コンで出会った十歳年上の晃司と付き合って丸二年。

最初のデートで既婚者と知って、ちょっとした遊びのつもりが、大人の魅力というやつに、どっぷりハマってしまった。

智子は、父親の税理士事務所を手伝いながら、実家暮らし。人からは、箱入り娘で自由気ままで苦労してないだとか、悩みがない顔してるだとか言われるが、それなりに悩みだってある。

もうすぐ二十九歳。結婚適齢期と呼ばれる年齢。

ある休日、母と台所に立って昼ご飯を作りながら、ふと聞いてみた。

「お母さん、私って昔はどんな子どもだった?」

「あなたは昔っから恥ずかしがり屋で、でも家ではワガママで泣き虫な子だったよ」


(それって、……いいとこないじゃん)


父の存在感。

「智子は私とよく似てる。お母さんも、家ではよくしゃべるけど、人前に出ると恥ずかしくて何も言えないのよ。でも、本当はB型らしいワガママな性格でしょ。そんな私でも、お父さんがいてくれるおかげで自然体でいられるの」

お母さんも人見知りなんだ。そういえば、私との共通点も多いし。

そうなると、お父さんの存在って結構大きいんだ。

「私も、お母さんにとってお父さんみたいな存在の人を早く見つけよう!」

って、そんなに都合よく見つかるはずがない。

まず、晃司との不倫解消を考えてはみるが、まだ好きだし、一人は寂しいから別れるのは嫌だ。

でも、このままの状態で新しい相手を見つけることなんてできるのかな。

相手に合わせる面倒くさい恋愛はしたくないし、今さら合コンにも行って出会って付き合っても、時間がかかって結婚できなかったら無駄、と考えると行きたくなくなる。

「そろそろ、私結婚したいんだけどなぁ……」

去年のクリスマスイブ、晃司にも聞いたことがあった。

すると晃司は笑顔で答えた。

「それはいいね！きっと智子はいい奥さんになるよ。素敵な相手が見つかったら、俺は身を引くから遠慮なく言ってよ。智子が幸せになってくれるなら、俺も嬉しいから」

その言葉に正直ムカついた。

（いったい私はあなたの何なのよ！）


腹を立てても仕方がないのはわかっている。

ならば、絶対に「離したくない！」と言いたくなるぐらい好きにさせてやる！と思ったものの、気が付けば晃司を溺愛していたのは自分だった。


幸せになる覚悟。

モヤモヤした気持ちで、自宅でネットサーフィンをしているうちに、結婚相談所のホームページに辿り着いた。

読み進めていくうちに、ここで出会うのも悪くないかもと、思い切って結婚相談所に行くことにした。

次の日曜日の午後一時。初体験の結婚相談所。

「あの、私に合う人っているんですか？何とかなりますか？」

するとカウンセラーの南さんが笑顔で、

「もちろん何とかなりますけど、その前に智子さん、幸せになる覚悟がありますか？」

「……はい？覚悟って、どういうことですか？」

（覚悟？幸せになるのに覚悟っているの？）

「智子さん、自分が変わることを約束できますか？」

「変わるって、どう変われればいいんですか？」

（ワガママを直せっていうこと？）

「変わるというのは、相手に合わせてもらうだけではなく、自分も相手に合わせて変化させていく努力をすることです」

南さんは智子の目をじっと見つめた。

今付き合っている晃司は、いつでも会えるわけではない。

でも、ワガママを言っても嫌な顔ひとつせずに、何でも言うことを聞いてくれて、彼から押し付けられることは何もない。

結婚こそしているけれど、晃司こそ理想に近い相手だと思っている。

だから、自分を変えるなんて考えたこともなかった。

「相手に合わせるなんて疲れるだけだ。でも、結婚はしたい！」

どうなるかはわからないけれど、この結婚相談所でがんばることを決意した。

告白。


それから自分の理想条件に近い人とお見合いをしていった。

何件かお見合いをしたが、どの相手からも高評価。しかし、気に入る人はいなかった。

好条件の人もいたが断ったのは、今付き合っている晃司以上の人じゃないと、好きになれないし、結婚できないと思っていたからだ。


でも、それに何か違和感を感じていた。

理由は自分でも何となくわかっていた。

（ありのままのわたしを受け容れてくれる、晃司以上の人なんて、きっと現れるはずがないんだよなぁ）


彼には奥さんも子どももいて、私とは都合のいい遊び相手。

きっと彼にもワガママな面はあるけど、私には見せないだけ。それもわかっている。


思い切って全てを打ち明けようと、南さんに相談することにした。

晃司との不倫や、自分の気持ちや将来の不安を素直に話そうとしていくうちに、涙があふれてきた。

泣きながら話している自分が恥ずかしくなって、途中で止めようと思って前を見ると、南さんも同じように泣いてくれていた。

そのまま、しばらく涙を流したまま沈黙が続いた。

「南さん、私……人を好きになれる自信がないんです。晃司以上の人なんて現れないような気がして……もし、いたとしても、彼以上に愛せる自信がなくて、それが不安で……もう、どうしていいかわからなくて……」

涙交じりで話した。

「大丈夫です。今、付き合ってる彼以上の人は現れませんから」

「え？……じゃあ、私は結婚できないってことですか？」

泣いて驚いて、そして不安になった。

「大丈夫です。結婚できます！ただ、すぐには今の彼以上の人は現れないってことです。心から愛せるのには時間がかかるものです。一生のパートナーですから」

南さんの話が、何となく理解できてきた。

「じゃあ、どうすればいいんですか？」


三年ぶりの彼氏。

「なかなか好きになれない、という、皆さん同じ悩みを抱えています。大切なのは相手の良い所を楽しく探していくつもりで、楽に好きになれる人が現われるまで、理想に近い人と会っていくことですよ。交際になっても、しっくりこないのであれば、さらにお見合いしても、二股しても構いません」

「えっ⁉　二股とかしていいんですか⁇」

「いいですよ。今しかできないので、しっかり相手を選びましょうね」

南さんは、笑顔で大胆なことを言う。

婚活を初めて三カ月、お見合い人数も六名を超えていた。

そんな矢先、以前から友達だった、一つ下の豊と食事に行くことになった。

正直、付き合いが長かった分、豊といると心が落ち着くし、素の自分が出せてとても楽でいられた。

でも、晃司とのことまでは話せなかった。

それから、豊と立て続けに三回会うことになった。

「そろそろ、俺らも結婚を考える年齢だよなぁ……」

そんなことを話しているうちに、お互い異性として意識し始めた。

豊の強い押しもあって、まんざらでもなかったので付き合うことにした。

実に、三年ぶりにマトモな彼氏ができたのだ。

豊となら、何回会っても気を遣わずに、楽でいられる。

晃司に会うと辛くなって言い出せないので、別れたい思いをメールで送った。

今までの感謝、そして好きになれそうな人ができたこと、幸せな結婚がしたい、そんな理由で別れたい気持ちを長文メールで綴った。


ズルイ男。

しばらくして、晃司から返事があった。

『良かったね！メールありがとう。嬉しいよ。智子が幸せになってくれることが、俺の幸せでもあるから。二年も俺のワガママで付き合わせてしまって本当にゴメン。そのせいで結婚が遅れているかも知れないと思うと心が痛い。だから、彼氏ができてホッとした。同時にちょっと辛かったけどね。俺にとって智子は、疲れや悩みを癒してくれるような存在で、この二年間、智子と会っているときは楽しくて仕方がなかった。もう、すごく愛《いと》おしく思えて、今までここまで人を好きになったことなかったかも知れない、と思えるほど好きだった。智子の魅力は俺が一番知ってる。何があってもずっと智子の味方だから、これからも陰ながら好きでいさせてね。今までありがとう。』

（好きでいさせて……か、男ってズルイ）

「最後ぐらい気を利かせて、嫌いになったって言ってくれればいいのに……」
そんなことを思っているうちに、とめどなく涙があふれた。

一カ月後、結婚相談所の南さんに報告に行った。

晃司と別れて、豊と付き合うことになったことを伝えた。

気が付けば、またしても泣いていた。

「辛かったでしょうけど、よかったです！何より好きな人と出会えてよかったですね」

南さんも喜んでくれた。

「本当に、楽でいられる好きな人に出会えました。と、いっても案外近くにいてビックリしたんですけどね（笑）」

涙を拭いながら笑顔で応えた。

「付き合って半年までが勝負です。しっかりと結婚相手に相応《ふさわ》しいか見極める大切な時間。好きなだけでずるずると付き合っていては、婚期が遠くなるだけですから」

晃司とのことは一切触れず、南さんは淡々と話してくれた。

彼女なりに気を利かせてくれたのだろう。

「二人でいて、結婚に前向きな話が出てくれば、いい兆候です。でも、なかなか話が出てこない場合、長い春を過ごしたくないなら別れたほうがいいです。恋愛ボケし過ぎないように、彼との将来を見極めてくださいね、智子さん」

家族のように見守ってくれる南さんのためにも、絶対に幸せになろうと思った。

二股ＯＫ。

それから二カ月が経った。

アドバイス通り、マメに連絡やデートをしながら付き合っていくのだが、豊が自分の理想の相手かどうかがわからない。

一緒にいて居心地はいいのだが、以前の晃司のようなドキドキするような刺激はない。

（結婚しないほうがいいのかな）

そのとき、頭にあることが思い浮かんだ。

(そうだ二股。人生初の二股をしてみよう。比べたほうがわかるかも知れないし)

豊に悪い気もするが、こちらも結婚を焦っているのだ。


「お見合いをさせてください」

二カ月ぶりに南さんを訪ねた。

早速、勧められた人とお見合いを決めて、その翌週から、お見合いと豊との恋愛を並行して進めることに。

二回目にお見合いした、六つ年上の三十四歳で、大手の建設設計会社に勤める会社員の健一さんと交際することにした。


遂に、二股が始まった。

何度かデートしてわかったことは、豊と比べると、健一さんは年齢が高いのもあるのだろうが、大手企業に勤めてるし、年収も高いし、一緒にいて安心できる大人の男という感じがする。

ただ、二人とも一緒にいて楽しいし、昔から知っている豊は、私がワガママなのは知っている。

でも、健一さんの前でも、少しずつワガママな素の部分が、嫌みなく自然に出せるようになっていた。

二股してわかったこと。

それは二人ともそれぞれいい面がある。結婚相手としては、どっちもアリだ。

（ダメだ……余計にわからなくなってきた）

結婚相手の選び方。

「南さん、もう私どうしていいかわからなくて……」

今にも泣き出しそうな智子に、南さんは笑顔で言う。

「大丈夫ですよ。ちゃんと確かめる方法ありますから」

「えっ！」

それを聞いて、キョトンとした。

「方法は簡単。幸せなことや嬉しいことがあったとき、それを自分のこと以上に大きく喜べるのはどちらですか？」

「喜びの大きさ……そんなこと気にしたことないです」

（いったいどんな感覚なんだろう？）

帰り道、南さんから言われたことを思い返していると、電話が鳴った。

豊だ。

「もしもし、今仕事終わったんやけど、晩飯でも一緒にどうかと思ってさ」

いつも以上の調子の良さで豊が話す。

「ちょうど私も近くにいるから行こう！なんか急にお腹減ってきた」

三十分後に待ち合わせて、馴染《なじ》みの居酒屋に入った。

いつものように生ビールで乾杯。

少しして、豊が急に満面の笑みで話を始めた。

「実はさ、受かった！宅建の試験に！」

「え〜っ！おめでとう！！！」

すかさず祝福した。

豊は、三年前から宅地建物取引主任者の資格の勉強をしていた。

一昨年と去年は不合格で、今年から不動産業に転職して、背水の陣で臨んでいた。

合格した豊の報告を、自分のことのように嬉しくなってきた。

子どもみたいにはしゃぐ、嬉しそうな豊の笑顔を見ていると、目頭が熱くなってきた。

（なんだろう、この気持ち？今ものすごく幸せだ）

そう思いながら、目の前にいる豊との将来をイメージしてみた。

（豊と結婚して、こんな夫婦になって、あんな家族を作って……豊となら、幸せになる覚悟ができる！）

もう迷いはない。心からそう感じた。

「私からも話があるんだけど、聞いてくれる？」

智子は真顔になった。

「何なん？急に改まって、どないしたん？」

豊は驚きながら、手に持っていたジョッキをテーブルに置いた。

「私は豊のこと好きだけど、豊も私のこと好き？」

じっと豊の目を見ながら聞いた。

「そりゃもちろん。大好きやで」

豊は大きく頷いた。

「じゃあ、私たち結婚しようか？」

一瞬、豊はキョトンとしながらも、我に返って、

「ちょ、ちょっと待てや！それは男から言うもんやろ！……え〜、あ〜、えっと、……うん……智子、俺と結婚してくれ！必ず幸せにするから！」

智子は大きく頷いた。

本物の幸せ。

数日後、仕事帰りに南さんを訪れた。

「南さん、ありがとう！お陰様で結婚が決まりました」

豊といると心が穏やかに感じたり、彼の喜びを自分のこと以上に喜べて幸せを感じたこと、彼との結婚生活がイメージできたことを南さんに話した。

「なんか、彼と一緒にいると、懐かしさともいえる、何ともいえない居心地の良さがあるんですよ」

智子の笑顔は輝いていた。

そして、健一さんとの交際を終えることも、南さんにお願いした。

帰り際、南さんは涙ぐみながら、満面の笑顔で握手をしてくれた。

この人と出会えて本当に良かった。心からそう思えた。

「結婚はゴールじゃなくスタートです！ここから二人で協力して幸せな家庭を築き上げていってくださいね！私からの最後のアドバイスです」

たくさんの人たちから、一生分を祝ってもらったような結婚式も終わって、夢にまで見た幸せな結婚生活。

「幸せすぎて怖い」って、こういうことなんだろうとさえ思える。

「幸せか?俺は智子と結婚できてホンマに幸せやわ」

「もちろん幸せよ。豊がいてくれるから、私は自然体でいられるの。ありがとう豊」

(アレっ、これってどこかで聞いた台詞)

そういえば前にお母さんが、私に言ってくれたこと思い出した。

あのときは、私を受け容れてくれて、私が自然体でいられるような人と結婚できるなんて夢にも思わなかった。

でも、隣には豊がいる。

「諦めなくてよかった。色々とがんばった私!」

と、やっと笑顔で自分を褒めることができた。

エピローグ～「幸せな結婚」は、自分で引き寄せる～

婚活を始める前に、もちろん婚活途中でもかまいませんが、幸せな結婚をするための理想を全て書き出してみましょう。

自分の理想の結婚相手や結婚生活、更には、こんな結婚はしたくないといった、結婚に対する嫌なことも全て出し尽くしてください。

そして最後に、「その目的を達成するまで諦めない」と、日付と名前をサインする。

「やっていれば成功したかもしれない」という甘い幻想をいつまでも引きずり続けるくらいなら、むしろ挑戦して、思い切り苦い失敗をしてください。人生は長いんです。

「そのうち」ではなく、「今すぐ」自分の幸せな未来のために「幸せになる覚悟」を持って動き出しましょう。

〜最幸の相手と結ばれるために〜

婚活シート・自分軸【等身大の自分像】

×自分の嫌なところ（直せないクセなど）を書いてください。

・＿＿＿＿＿＿＿＿＿＿＿＿＿＿＿＿＿＿＿＿
・＿＿＿＿＿＿＿＿＿＿＿＿＿＿＿＿＿＿＿＿
・＿＿＿＿＿＿＿＿＿＿＿＿＿＿＿＿＿＿＿＿
・＿＿＿＿＿＿＿＿＿＿＿＿＿＿＿＿＿＿＿＿
・＿＿＿＿＿＿＿＿＿＿＿＿＿＿＿＿＿＿＿＿
・＿＿＿＿＿＿＿＿＿＿＿＿＿＿＿＿＿＿＿＿
・＿＿＿＿＿＿＿＿＿＿＿＿＿＿＿＿＿＿＿＿
・＿＿＿＿＿＿＿＿＿＿＿＿＿＿＿＿＿＿＿＿
・＿＿＿＿＿＿＿＿＿＿＿＿＿＿＿＿＿＿＿＿
・＿＿＿＿＿＿＿＿＿＿＿＿＿＿＿＿＿＿＿＿

♡自分の好きなところ（人から褒められるところなど）を書いてください。

・＿＿＿＿＿＿＿＿＿＿＿＿＿＿＿＿＿＿＿＿
・＿＿＿＿＿＿＿＿＿＿＿＿＿＿＿＿＿＿＿＿
・＿＿＿＿＿＿＿＿＿＿＿＿＿＿＿＿＿＿＿＿
・＿＿＿＿＿＿＿＿＿＿＿＿＿＿＿＿＿＿＿＿
・＿＿＿＿＿＿＿＿＿＿＿＿＿＿＿＿＿＿＿＿
・＿＿＿＿＿＿＿＿＿＿＿＿＿＿＿＿＿＿＿＿
・＿＿＿＿＿＿＿＿＿＿＿＿＿＿＿＿＿＿＿＿
・＿＿＿＿＿＿＿＿＿＿＿＿＿＿＿＿＿＿＿＿
・＿＿＿＿＿＿＿＿＿＿＿＿＿＿＿＿＿＿＿＿
・＿＿＿＿＿＿＿＿＿＿＿＿＿＿＿＿＿＿＿＿

自分の長所も短所もしっかりと見るための努力を惜しまずに、婚活し続けることを誓います。

年　　月　　日

氏名＿＿＿＿＿＿＿＿＿＿＿＿＿＿＿＿

～最幸の相手と結ばれるために～

婚活シート・相手軸【真実の相手像】

×“こんな相手と結婚したくない”と思うことを書いてください。

・＿＿＿＿＿＿＿＿
・＿＿＿＿＿＿＿＿
・＿＿＿＿＿＿＿＿
・＿＿＿＿＿＿＿＿
・＿＿＿＿＿＿＿＿
・＿＿＿＿＿＿＿＿
・＿＿＿＿＿＿＿＿
・＿＿＿＿＿＿＿＿
・＿＿＿＿＿＿＿＿
・＿＿＿＿＿＿＿＿

♡“こんな相手と結婚したい”と思うことを書いてください。

・＿＿＿＿＿＿＿＿
・＿＿＿＿＿＿＿＿
・＿＿＿＿＿＿＿＿
・＿＿＿＿＿＿＿＿
・＿＿＿＿＿＿＿＿
・＿＿＿＿＿＿＿＿
・＿＿＿＿＿＿＿＿
・＿＿＿＿＿＿＿＿
・＿＿＿＿＿＿＿＿
・＿＿＿＿＿＿＿＿

理想の相手に出会えるまで努力を惜しまずに、婚活し続けることを誓います。

年　　月　　日

氏名＿＿＿＿＿＿＿＿

〜最幸の相手と結ばれるために〜

婚活シート・ご縁軸【理想の結婚生活】

×“こんな結婚生活は嫌だ”と思うことを書いてください。

（※相手にしたくないこと、されたくないこと）

・
・
・
・
・
・
・
・
・

♡“こんな結婚生活が理想”と思うことを書いてください。

（※相手にしてあげたいこと、してほしいこと）

・
・
・
・
・
・
・
・
・

理想の結婚生活を手に入れるための努力を惜しまずに、婚活し続けることを誓います。

年　　月　　日

氏名＿＿＿＿＿＿＿＿＿＿＿＿＿＿＿

おわりに

私が、ここまで結婚相談所の仕事に熱くなってしまうのには訳があります。

結婚して生まれるもの。それは「家族」。

結婚相談所の仕事をしていると「少子化対策になっていいよね」とよく言われます。確かに、それもそうなのですが、私は、世の中のエネルギーの源である「家族の絆」をつくる仕事だと思っています。人は一人では生きてはいけません。家族がいるから、絆があるから、人は歯を食いしばって頑晴《がんば》れるのです。

私は、この仕事を「家族の絆」という、大きなエネルギーをつくる仕事だと感じているからこそ、熱く本気でやり続けていかなければならない、そんな使命感を持ってやっています。これからも、その思いを持って、一生やり続けていく覚悟です。

本編にある幸せな結婚をした女性達の物語は、実際に婚活して結婚された方々の実話を元に書きました。

次は、これを読んでくださったあなたが、一日でも早く理想の相手と出会い、幸せな結婚をされることを心の底から願っています。

最後まで読んでくださってありがとうございます。


この本を書くキッカケをくれた永松茂久さん、ヴィーノを生んでくれた中村誠司さん、名付けてくれた近藤直杜さん、育ててくれた杉山貞之さん、原稿製作に根気強く付き合ってくださったＰＨＰ研究所の四井優規子さん、ここまで共に歩んできてくれたヴィーノスタッフ、そして結婚された会員さん、今まだ婚活中の会員さん、そして、今までかかわってくださった全ての方々に心から感謝します。

皆さんのお陰でこの本が誕生しました。

二〇一二年八月十日

香川浩樹

感謝

柴村恵美子
清水克衛
正野由紀子
福徳睦樹
ユウサミイ
南部京介
青木一弘
中村健一
椿晋祐
武田勝彦
佐藤達三
湯田昌利
湯田美鈴
森宏樹
泉谷政司
正村真二
正村由紀子
林田智子

谷井等
他力野淳
辻有吾
森川太郎
田中雄二
平野孝幸
高幣久富
青松 敬介
徳丸博之
渡邊雅夫
坂本創
中島武史
高田英明
EO-osaka
東原伴敬
申智成
山本祐子
馬場幹竹
モリタリョウジ
山本敏行

今西頼久
大橋治久
山本成彦
土谷一義
秋本尚美
徳田洋一
木嶋諭
中村嘉孝
土谷健次郎
吉末育宏
大野東洋子
河野菜穂真
松井駿介
加藤諒子
槇野悦子
クッチマン悠基子
串田和盛
上原愛子
齊藤由美
板東登根子

木下泰子
中野友美子
森田臣計
寺坂たくみ
竹林基晴
坂本精一郎
西谷昌彦
久野悦弘
川上敦久
増田好郎
中尾好宏
大津裕太
大塚康治
盧玉能
辻純治
青木雅美
辻一孝
中西雅恵
辻林友紀
中塚真介

西出まりりん
中川みちえ
阿部隆典
吉田忠之
中根亮
大谷良
松村俊彦
宮之原明子
宮之原美香
古賀亮子
古徳裕一郎
三本周生
永濱綾
白駒妃登美
重松昌二郎
義永大悟
楠根貴志
楠根玲子
大坪修
青木美由紀

近藤真矢
佐藤真永
内藤光一
寺本幸司
芝田健太
阿蘇講平
狩谷久美子
釘本勝誠
北出勝也
良原久博
利川弘大
畑田昌輝
松下長年
前田美智代
西浦孝浩
村上知永
谷口喜成
谷口佐和子
三窪まゆ
小谷昌彦

古谷勝彦
市原紫野
早津昌夫
金園哲雄
羅舟伯
江見真也
大佐和武彦
森敬
山中雅裕
荒砂康行
平田博隆
友利仁
元泰代
渡辺敦彦
武城正之
中村健司
赤松正宣
岡林卓也
南紀行
南佑佳

宮本勝美
宮本信子
宮本典彦
宮本忍
宮本春真
藤本つた恵
藤本明
藤本富栄
藤本絵梨佳
藤本穂梨美
楳垣幸子
國松幸男
國松恵美子
香川雅臣
香川奈美
香川結衣
香川紗衣
香川尚美
香川喜一
山口秀明

ヴィーノスタッフ

佐竹美和
久保恵
社納三貴
上條尚子
河原美佳
藤井陽子
久保田陽子
萩原美由紀
南陽子

河村真琴
渡邊裕子
三輪恭子
芦田由美
高木典子
山田奈那
田崎るり子
染川千惠

装丁　こやまたかこ
装丁写真　©imageworksRF/amanaimages
協力　堀江令子
本文イラスト　芦田由美
メイク指導　萩原美由紀
カラー指導　染川千恵
著者写真撮影　増田好郎

【著者略歴】

香川浩樹（かがわ　ひろき）

株式会社ヴィーノ代表取締役。ハッピーライフプロデューサー。

1973年、兵庫県神戸市生まれ。

就職氷河期の中、自動車システム最大手会社へ入社し、最優秀新人賞を獲得など、数々の優秀な成績を残す。

2005年より、心理学と演出力を武器に、飲食業界を始めとする幅広い分野で、独自に構築した人材活性化のための研修やセミナーを展開。

同年、関西の経営者に成功体験を語ってもらう集い〝元気普及協会〟を設立、代表に就任。プロデュースした数々のイベントは評判となる。

2007年、株式会社ヴィーノを設立。今までにないスタイルの本気の結婚相談所をオープン。

相手探しはもちろん、幸せな結婚をするための魅力アップセミナーを定期的に開催し、大きな反響を呼ぶ。

特に、恋愛心理学と独自のコミュニケーション技術を駆使したサービスは他社が決して真似できない真骨頂。

結婚した人の71％が、婚活を始めて1年以内という業界トップクラスの実績。

たった3年で成婚カップル200組を超え、瞬く間に業界中で噂になった。今や、業界内だけでなく、全国から見学が殺到するほど注目されている婚活業界のカリスマ経営者である。

香川浩樹公式ホームページ
http://kagawahiroki.com

幸せな結婚をするために大切なこと

2012年9月7日　第1版第1刷発行

著　者　　香川浩樹
発行者　　小林成彦
発行所　　株式会社ＰＨＰ研究所

東京本部　〒102-8331　千代田区一番町21
文芸出版部　☎03-3239-6256（編集）
普及一部　☎03-3239-6233（販売）
京都本部　〒601-8411　京都市南区西九条北ノ内町11

PHP INTERFACE　http://www.php.co.jp/

印刷所　　大日本印刷株式会社
製本所　　東京美術紙工協業組合

ISBN978-4-569-79929-2

PHPの本

オーラを高めると、「運命の人」を引き寄せる！

出会うための47のヒント

なかいやすし 著

オーラを高めれば、「運命の人」は引き寄せられる！　2万人以上を幸せに導いてきた著者が、幸せな恋愛や結婚のための永久の法則を紹介。

定価一、二六〇円
（本体一、二〇〇円）
税五％